Body Safety for Young Children: Empowering Caring Adults

# 子どもを守る新常識
# 性被害 セーフティガイド

TOYOKAN BOOKS

著 キンバリー・キング
訳 栗田佳代
監修 小宮信夫 立正大学教授
高橋暁子 ITジャーナリスト
高橋幸子 産婦人科医
普光院亜紀「保育園を考える親の会」顧問

## 推薦の言葉

『子どもを守る新常識　性被害　セーフティガイド』（原題『Body Safety for Young Children: Empowering Caring Adults』）は、子どもの養育・教育・保育にかかわるすべての方にとって必携の書です。わたしは、児童性被害撲滅を目指すアレクサンドラ・グッチ児童財団の創設者として、子どもたちには、安全な環境の中で育つ権利があると信じています。そして、それを実現するのはわたしたち大人の役目です。

では、どうしたら、その役目を果たせるでしょうか。残念ながら現時点では、子どもたちの安全を守ってやりたいと思えば、恐怖心と不安感を植えつけることになってしまいがちです。それ以外の方法は、ほとんど知られていないからです。そこで、本書の出番です。不快感を覚えたとき、身の危険を感じたときに、きちんとNOを言う力。ためらうことなく速やかに、保護者や周囲の大人に助けを求める力。そんな力を子どもたちにつけてあげるための、実践的なヒントが満載です。

からだの安全を守ることについて積極的に取り組む大人が増えれば増えるほど、からだの安全を守ることについて知っている子が増えればるほど、世の中は子どもたちにとって安全な場所になっていくはずです。わたしたちが力を合わせれば、世の中は変えていけます。すべての子どもが安全に過ごし、守られて育っていく。そんな世界が、きっと実現できるはずです。

———アレクサンドラ・グッチ・ザリーニ
アレクサンドラ・グッチ児童財団（Alexandra Gucci Children's Foundation）
https://www.alexandragucci.org/about

# はじめに

はじめまして。キンバリー・キングと申します。性暴力サバイバーで、３人の子どもの母親です。性被害防止を訴える活動家で、児童性被害のない世界の実現を目指す米国の非営利組織「ダークネス・トゥ・ライト（Darkness to Light）」の認定ファシリテーターでもあります。子どもたちにからだの安全の守り方を教えることは、わたしの大切な仕事の一つです。現在は幼稚園教諭としても働いています。資格としては、幼稚園生から小学6年生までを対象とした米国の初等教育の教員免許を所持しており、ミシシッピ州からシチリア島まで、さまざまな場所で教職に携わってきました。

大人の方に児童性被害防止についてのお話をすると、たいてい皆さん、気まずいような雰囲気になります。この話題は、わたしにとっては自然に口にできるものですが、それはわたしがこの仕事を18年もつづけてきたからというだけのことです。はじめて向き合うとなれば、どこか構えてしまうのも当然です。ゆっくり、一歩ずつ、踏みこんでいきましょう。子どもを性被害から守るという課題の海に、まずは、つま先を浸してみてください。多くの方にとって、いきなり飛びこむことは難しいはずです。この海の波は高すぎるほどに高く、その水は濁っているからです。

底の見えない海を前にした皆さんに、消化しきれない不安が積み上がるような急ぎ足ではなく、ゆるやかなペースで学んでいける本をお届けしたい。そんな思いで、わたしはこの本を書きました。

さて、ここで、本書のメッセージの核となる部分をお伝えするために、まずはわたし自身が、自分のコンフォートゾーンを出なければなりません。子どもを性被害から守る方法を学ぼうという皆さんに、わたしがそのお手伝いができる理由を知ってもらうためには、個人的な事情にもふれざるを得ないのです。深呼吸して、始めてみたいと思います。どうぞおつき合いください。

**トリガー警告**

ここから先の内容は、性被害の具体的な記述を含みます。読まないという判断をされた場合は、12頁まで進んでください。

## わたしの道のり

わたしは、5人きょうだいの一番上の子どもとして、何不自由ない家庭で育ちました。住んでいたのはいわゆる「よい地域」で、セックスや性被害防止といった話題は、周囲の誰の口からも聞こえてきませんでした。両親は愛情深く、親としての責任感も備えていましたが、時は70年代。性被害防止のために話し合おうという空気は、世間のどこにもありませんでした。その話題が意識的に避けられていたわけではなく、そもそもの必要性からして認識されていなかったのです。

子どもの性被害をニュースで見聞きすることはあったかもしれません。でも、「そんなおぞましいことが、うちの家族やうちの近所で起きるはずがない」といった、いままでもよくある根拠のない思いこみがあったことは、想像に難くありません。

幼いころ、ベビーシッターとしてうちに来ていた女性が「お医者さんごっこしよう！　まずはわたしからね！」と突然自分のブラジャーを外し、あらわになったその胸が、わたしと妹の目に否応なく飛びこんできたことがありました。そのことを伝えると、母はすぐにベビーシッターを変えるという対応を取ってくれたのですが、その後、その話に母がふれることはありませんでした。性被害の防止について、両親や周囲ともっと話し合うことができていれば、その後の人生を歩んでいく上で、どんなにか役に立ったことだろう。そんな思いが、いまでも拭いきれずにいます。

性教育関連の知識が少しも身についていないまま、わたしは大学に進みました。そして、メイン大学に入学して最初の週に、性的暴行を受けました。母に電話してそのことを話すと、誰にも言わないほうがいい、と言われました。言ったところで、誰も信じてくれないだろう。表沙汰にすれば、わたしの「評判に傷がつく」だけだと。つづけて母は、こうも言いました。「退学して家に戻ってきなさい。来年また別の大学に入り直せばいいから」。両親は、あの時代にあって、親として考えうる最良の選択肢を、娘のわたしに示してくれたのだと思います。でも、わたしの心はかき乱されました。

わたしは、被害を受けた側が退学するという解決策に納得がいきませんでした。男子からは離れたい。でも、大学には残りたい。安全が確保された状態で。こんなとき、取るべき道は？　そう、ソロリティです。聞いたことがないな、という方も多いかもしれません。簡単に説明すると、ソロリティとは、主に北米の大学に存在する、女子学生たちの集まりです。多くの場合、同居して寝食もともにします。そして、各ソロリティのメンバーになるための集団面接とも言えるイベントが、「ラッシュ」です。入会を希望する学生たちが参加して現メンバーとの親睦を深め、お互いの相性を確認するのです。あの出来事からほどなくして、当時住んでいた寮の自室のドア下に、ラッシュへの招待状が1通、差しいれられました。わたしにとってそれはまさに、安全な学生生活を約束してくれる黄金の切符でした。

ソロリティのメンバーになり、安全な居場所を見つけられたことに加えて、もう一つうれしいことがありました。寮母のサンディさんとの出会いです。サンディさんには、わたしたち女子学生の共同生活のすべてに目を配ってくれる寮母としての顔のほかに、もう一つの顔がありました。国内有数の人間開発学教授、サンドラ・キャロン博士としての顔です。

性教育と性発達の分野全体に精通する権威として作家活動や教育活動をおこない、活動家としての顔も持ち、社会にポジティブな変化をもたらすチェンジメーカーとして声を上げづらい人たちの代弁者も務めるキャロン博士は、あのころから今日に至るまでずっと、わたしにとってのロールモデルであり、メンターです。人間の性について、わたしは博士のクラスで学びました。そしていまではそのわたしが、メイン大学で博士が受け持つ学生に向け、毎年講演をさせていただいています。テーマは、からだの安全を守ること、その目的に向け大人を啓蒙することについてです。博士から教

著者（写真左）とサンドラ・キャロン博士（写真右）

えを受けた自分が、その教えを次の世代へとつなげていけることを、とても感慨深く思っています。

ソロリティのメンバーになったあと、サンディ博士のティーチングアシスタントを務めはじめると、その仕事を通して得られる学び、そこから芽生えた好奇心が、わたしの頭の中を占めていたトラウマを隅に追いやっていってくれました。しかし、それは一時的なものでした。引いたはずのトラウマは、しばらくするとまた波のように満ちてきました。

でも、そのことについて、深く考えたくはありませんでした。そんなことをしたら、自分が機能停止状態に陥ってしまうと思いました。だからわたしは、問題を自分が飲酒したことにすり替えました。あんなに飲みすぎなければよかったのだと、自分を責めるかたちで心の整理をつけることにしたのです。そして、性教育（とりわけ、からだの安全を守ること）の研究や活動に没頭することで、自分のトラウマを癒そうとしました。

この作戦はうまくいったように見えました。それから何年もの間、自分が受けた暴行について思い返すことはなくなっていたのです。しかしその状態も、子どもができると簡単に崩れてしまいました。特に激しい揺り戻しに襲われたのが、3人目の子どもが生まれたときでした。

退院直後、赤ちゃんに黄疸の合併症が現れ、急きょ再入院の必要に迫られました。海軍に勤める夫は任務で航海中、実家も移動に8時間以上かかる遠方だったため、6歳と4歳の上の子二人は、近所に住む友人家族に預けていくしかありませんでした。

NICU（新生児集中治療室）に入り治療を受けると、赤ちゃんの症状は落ち着いていきました。すやすや眠る姿に安心して、わたしは二人を迎えにいきました。すると、動揺した様子の息子が、わたしのもとへと駆け寄ってきます。飛びつかれた勢いで、手にしていたコーヒーを落としてしまいました。息子はわたしにギュッと抱きつくと、こう言いました。「ママ、レッドフラッグ（危険信号）が出たんだよ」

聞いたとたん、心が重く沈むのを感じました。子どもたちには、性被害防止の基本については教えてありました。「もしも誰かが、あなたたちのプライベートパーツを見ようとしたり、触ろうとしたり、くすぐろうとしたり、いじろうとしたりしてきたら、それは『レッドフラッグ』だよ」と（「レッドフラッグ」の事例については、第2章で説明します）。「レッドフラッグが上がるってことは、そのスキンシップは安全じゃないってこと。そんなときは、すぐにママに教えてね。教えてもらえれば、あなたたちを助けられる。危険から守ってあげられるから」。そう言いきかせてありました。

けれども、当時のわたしには、子どもが子どもにレッドフラッグが上がるような行為をすることがあるとまでは、想定できていませんでした。用心すべき相手は「知らないおじさん（成人男性）」と決めつけてしまっていたのです。

この出来事をきっかけに、わたしは、自分の使命はすべての子どもを性被害から守ることだと心に誓いました。と同時に、封じこめていた被害の記憶が呼び起こされ、感情が雪崩を起こしました。頭の中も心の中もめちゃくちゃになりました。まるで、ゴミ箱の中が火事になったみたいでした。

そこからは、カウンセリングを受け、同じ悩みを持つ者同士で語り合うサポートグループにも参加、一人で抱えてきた思いを姉妹にも聞いてもらうなど、周囲の力を借りながら立ち直っていきました。そしてこの間に、たくさんの論文や調査報告書を読みこみました（当時はまだ、子どもの性被害に関する親子向けの本は見当たらなかったのです）。さまざまな事実を学びながら、必要な情報やサポートの入手先を見つけていきました。

子どもたちともたくさん話し合いました。日々の出来事を思考や感情とともにノートに記録し、からだの安全の守り方についての考えを親子で深めていきました（のちに出版し、The Mom's Choice Awardsを受賞した絵本『I Said NO! A Kid-to-Kid Guide to Keeping Private Parts Private（未邦訳／イヤだって言ったでしょ！　子どもから子どもに伝える、プライベートパーツの守り方）』は、このとき息子と交わした会話と思考の記録が下敷きとなっています）。

そんな中、児童性被害のない世界の実現を目指す米国の非営利組織「ダークネス・トゥ・ライト（Darkness to Light）」に出会い、同団体の認定ファシリテーターの課程を修めました。こうしてわたしは、児童性被害予防教育の専門家となったのです。

---

## この本について

本書は、子どもたちに日々愛情を注いでおられる皆さんのための本です。大事なお子さんを守るための入門書であると同時に、すぐに役立つ実践的なガイドブックともなっています。対象となる子どもの年齢は、３歳～10歳を想定しています。自分でトイレができるようになる年頃から、二次性徴を含めた性教育が始まる前までの時期です。
まずは、基本的な統計や客観的な事実を確認し、現状を把握しておきましょう。次に、性犯罪者が子どもを手なづけるためにおこなう「グルーミング」について知り、その見つけ方、見きわめ方を身につけます。これらを踏まえた上で、効果的な安全対策について考え、その具体的な方法を確認します。児童性被害防止というこの難しい課題に向き合うことへの恐れと抵抗感を、段階を踏みながら、なくしていきましょう。目標は、子どもが危険にさらされる可能性を最小限に抑え、家族全員の安心と安全を実現することです。すべての子どもが、安全な子ども時代を過ごせるように。

思いやり、つながり、支え合いを土台としたコミュニケーション文化を築くことができれば、それはきっと、子どもたちを守る大きな力になります。

——キンバリー・キング

contents

幼稚園・保育園・小学校
先生向け
**特典資料ダウンロード**

https://bit.ly/3OISWq9

# 二つの大事な言葉

プライベートパーツ　レッドフラッグ

本編に入る前に、知っておきたい二つの大事な言葉があります。お子さんに「からだの安全の守り方」を話すにあたって、まず最初に教えてほしい言葉です。

## ■ プライベートパーツ

口、胸、おしり、性器をまとめて「プライベートパーツ」と呼びます。プライベートパーツには特別なルールがあります。自分のからだはどこも大事ですが、プライベートパーツは敏感で傷つきやすいので、特に大切に保護しておく必要があるからです。

子どもへの伝え方　第4章 プライベートパーツの2条件（83頁）

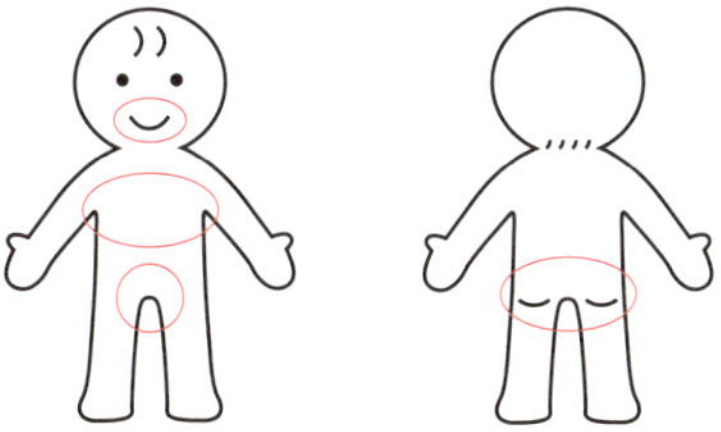

## ■ レッドフラッグ

危険信号の意味です。子どもが色とその名前について学びはじめると、赤が「止まれ」を意味する赤信号や、警告を知らせる標識などに使われていることに気づくようになり、自然と「赤色=危険」のイメージが身につきます。それを利用し、子どもたちに、からだの安全を脅かすことについて話す際に、「レッドフラッグ」という言葉を使っています。

子どもへの伝え方　第8章 赤い旗と緑の旗（143頁）

第1章

# 最初に知っておきたいこと

## 「子どもの性被害」の定義

母親になったばかりのころ、わたしの神経はとがりっぱなしでした。「はじめに」でお話ししたとおり、過去のトラウマが、過覚醒というかたちで現れていたのだと思います。とにかく、なにもかもが心配でした。犯罪捜査物のドラマを見ては、うちの子もいつか誘拐されてしまうんじゃないかと、本気で案じていたのです。何者かが子ども部屋の窓から侵入してきて、子どもを連れ去ってしまったらどうしよう。ドラマでおなじみの犯人像、

「子犬とお菓子をエサに子どもを誘い出す、白いワゴン車の男」が頭から離れませんでした。

これはまさに、いまも広く浸透している、子どもを狙った犯罪に関する間違った思いこみの一つです。見知らぬ人は、どこか怪しく思えるもの。だから子どもたちには、「知らない人と話してはいけません」と言って聞かせるのが一般的です。しかし実のところ、真に警戒すべき対象は、「見知らぬ白いワゴン車の男」ではないのです。もちろん、そうした人物が犯行に及ぶこともあります。２００２年に米国で起きたエリザベス・スマート誘拐事件の犯人は、たしかに「見知らぬ白いワゴン車の男」で、スマート家と交流もありませんでした。ですが、まったくの通りすがりではなかったのです。事件の数週間前、工事のためにスマート家を訪れていた作業員。それが、犯人の正体でした。

子どもへの性加害のほとんどは、被害児やその家族が信頼を置く身近な人物の犯行によるものだと言います（Finkelhor and Shattuck, 2012）。近しい家族、多少なりとも交流のある親戚、ベビーシッター、習い事のコーチや学校の先生、宗教団体の指導者。そう、場所がどこであれ、子どもがいれば、そこには子どもを狙う犯罪者が潜んでいる可能性があるのです。その猟場は、いまやネット上にも広がっています。インターネットが暮らしのすみずみまで浸透し、子どもたちの所在地や日常生活に関する情報は、犯罪者たちにとっても入手しやすいものとなってしまいました。

＊

ここでいったん、児童性被害の定義について整理しておきましょう。あいまいさは混乱のもとですから。わたしが所属する「ダークネス・トゥ・ライト」では、児童性被害を次のように定義しています。

児童性被害とは、強制、強要、説得といった一方的な圧力をもっておこなわれるあらゆる性的行為のうち、当事者に未成年者を含むものをいう。性器の露出や窃視、わいせつな図像等を見聞きさせること、電話やインターネットを介した性的な会話など、肉体的な接触を伴わない行為もその対象となる（Townsend, 2013）。

性暴力被害者の支援を目的とする米国最大級の非営利組織「レイプ・虐待・近親相姦に関する全国ネットワーク（The Rape, Abuse, and Incest National Network：RAINN）」による定義はもう少し具体的で、次のように、児童性被害にあたる行為を列挙したものとなっています。

- 子どもに向かって性器を露出すること。
- 未成年者の眼前で自慰行為をすること。
- 未成年者に対し自慰行為を強要すること。
- 対面、電話、ショートメッセージ、ソーシャルメディア等でわいせつな会話をすること。
- 児童ポルノにあたる画像や動画を制作、所有、配布すること。
- 膣、口腔、肛門等による性交において、未成年者をその対象とすること。
- 性的人身取引に関与すること。
- 性的な意図のもと未成年者に対しておこなわれる、上記以外のあらゆる行為。

——RAINN, 2023

つづいて、子どもの性被害にまつわるよくある誤解を一掃してしまいましょう（ここでは主に、幼少期の子どもを念頭においています。お子さんの年齢が上がり、本格的に性教育を受けるようになると、ここに挙げたこと以外にも、またさまざまな誤解が浮き上がってくるはずです）。誤解を解き、認識のずれをなくした上で、話を先に進めていきたいと思います。

## 子どもの性被害にまつわる14の誤解

※編注：本文中の数値はアメリカでの調査結果ですが、日本でも同様の傾向が示されています（監修 小宮信夫先生）。詳細は、「日本における小学生以下の性被害の事態」（218〜220頁）を参照ください。

### 誤解1 犯人は、見知らぬ男

いいえ、そうとは限りません。**子どもの性被害の90パーセントは、家族や知人といった関係者からの加害によるものです**（Finkelhor and Shattuck, 2012）。「知らない人とは話さない」。これは、すべての子どもに教えておくべき、重要なルールです。しかし一方で、「知らない人」の危険性ばかりが強調されている面があることは否めません。

### 誤解2 危険にさらされるのは、女の子

いいえ。女の子の4人に1人、男の子の6人に1人が、18歳になるまでの間に性的虐待を受けています（Townsend, Rheingold, and Haviland, 2016）。

## 誤解3　被害にあったなら、本人から話があるはず

いいえ。**大半の子は、被害について誰にも話しません。**児童性被害のサバイバーのうち、被害を受けたことを大人に告げる子はたったの26パーセント。行政や関係機関への報告となると、その数字は12パーセントにまで下がります（Bottoms, Rudnick, and Epstein, 2007; Lahtinen et al., 2018）。誰かに伝えることができた場合でも、そのタイミングは被害から時間が経過してからになることが珍しくありません（Bottoms, Rudnick, and Epstein, 2007）。

## 誤解4　先生なら、安心

いいえ。わたしも、子どもたちや保護者に対して、幼稚園・保育園や学校の先生は信頼できる大人である、と伝えていた時期があるのですが、これは、すべての先生に当てはまる法則ではありませんでした。先生になれば、多くの子どもとふれ合える立場、時間、機会を得られます。先生とは、子どもを狙う犯罪者にとっても魅力的な職業なのです。

## 誤解5　子どもが子どもに性加害することはない

いいえ。悲しいことですが、児童性被害の事例の40パーセントは、子どもから子どもへの加害により起きています。加害者が主に狙うのは、自分より年下の子や自分より小柄

な子です（Finkelhor and Shattuck, 2012）。被害者と加害者の双方が子どもであるこうしたケースは表面化しづらいことが多く、近年の研究では、子どもが加害者である割合はもっと高いのではないかとの見解も出されています（Gewirtz-Meydan and Finkelhor, 2020）。

## 誤解6　きょうだい間での性被害はありえない

いいえ。きょうだい間での性被害は、家庭内で起きる性被害としてはもっとも頻度が高く、その数は親から子への性被害の3倍ともいわれています（Krienert and Walsh, 2011）。きょうだい間での性被害の被害者を支援する非営利団体「5 Waves」の共同設立者であり、自身も被害経験を持つ活動家のジェーン・エプスタインさんは、「きょうだい間での性被害については、口にすること自体をタブー視する傾向がいまだ非常に根強く、その被害はめったに表に出てきません」と述べています。

## 誤解7　性被害防止のための教育は、幼いころからおこなわなければ意味がない

いいえ。自分のからだの大切さと守り方を知ることは、何歳の子にとっても意味のあることです。その子が2歳でも、17歳でも。時期が早いに越したことはありませんが、だからといって、遅すぎるということもないのです。いつでも、いまがタイミングです。

## 誤解8　からだの安全についての本を読み聞かせていれば、性被害を防げる

いいえ。本が果たせる役割は、ほんの一部。それだけで十分というものではありません。関連本を何冊か読んであげれば、子どもは加害者から身を守れるようになるし、自分のからだを大切にできるようになる。そんなふうに考えているとしたら、それは大きな間違いです。子どもの性被害を防ぐためには、包括的な戦略のもと、各家庭の実情にあわせた「からだの安全を守るための行動計画」（第4章）を実行に移していく必要があります。

## 誤解9　ペアレンタルコントロールで、安全にインターネットを利用できる

いいえ。たとえペアレンタルコントロール（子どもが使用するデバイスに対し、利用制限をかける機能）がオンになっていても、インターネットは子どもにとって安全な場所ではありません。インターネット上には、子どもにとって不適切なコンテンツが無数に存在します。インターネットを利用する限り、そうしたコンテンツに遭遇する危険性を排除することはできません。その上、子どもたちには、目にしたものを無邪気に真似してしまう傾向があります。インターネットで見た行為や行動を、意味もわからないままに、ほかの子を相手に再現してしまう可能性もあるのです。

## 誤解10 スマートフォンは、子どもの安全確保に役立つ

残念ながら、そうとばかりは言えません。所在地の把握など、スマートフォンを子どもの安全確保に役立てているご家庭もあると思います。しかし基本的に、子どもにスマートフォンを持たせることは、子どもを狙ってインターネット上をうろつく犯罪者たちの眼前にその子を連れていくに等しいことなのです。スマートフォンの使用ルールも含めたオンラインセーフティについては、第6章で取り上げます。

## 誤解11 自分の子どもの写真なら、ネット上で公開しても問題はない

いいえ。大問題です。子どもの顔写真はもちろん、園名や学校名、居住エリアが推測される言葉や写真、位置情報など、個人の特定につながる情報をネット上で公開することは、子どもを危険にさらすも同然の行為であると認識してください。広報活動の一環として、自校の児童が写りこんだ写真をソーシャルメディアに投稿するケースもありますが、その場合も、保護者からの同意がない子の写真は使用できないことになっているはずです。同意書への記入を求められることがあれば、わたしなら間違いなく「許可しない」にチェックを入れます。園のロゴ入りで、位置情報つきの、かわいらしい集合写真。関係者の目にはほほえましいばかりのその1枚も、子どもを狙う犯罪者の目に入ったとたん、

獲物として狙えるターゲットの居場所をくわしく知らせる案内状となってしまうのです。

どんなかたちであれ、いったん公開された写真には、悪意を持って利用される可能性がついて回ることになります。ダウンロード制限をかけておいたところで、スクリーンショットで保存されてしまうことは防げません。画像の加工だって簡単にできてしまうのです。

## 誤解12 親子ともに知り合いの家であれば、子どもを一人で遊びに行かせても大丈夫

いいえ。家族ぐるみのおつき合いがあるというだけでは、子どもを一人で遊びに行かせても安全、という保証にはなりません。自分の友人とはいえ、その親御さんが、子どもたちが遊んでいる間どの程度の見守りや声掛けをしてくれるのか、実際のところはわからないからです。子どものからだを守るということに、まったく無頓着な人が同居している可能性もあります。

## 誤解13 うちの近所では、性犯罪は起こらない

いいえ。性加害者たちの辞書に、「例外」という項目はありません。どんな地域であっても、どんな家庭であっても、ここなら性被害が起きることはない、と断言することはで

きません。文化も、宗教も、社会経済的地位の高低も関係なく、性犯罪はどこでも起こる可能性があり、実際、日々起きています。それは、うちの近所でも起こりました。それは、わたしの身にも降りかかりました。皆さんの近所でも、起こる可能性があります。例外はないのです。受け入れがたい話かもしれません。でも、これが事実なのです。

## 誤解14 性教育とは、思春期の性の発達・生殖について教えることだ

これは、間違いだとは言いきれないのですが、正解とも言えません。性教育とは、それだけで完結するものではないからです。性教育の入り口は、からだの安全の守り方を知ることです。からだの各部位を正しい名称で呼ぶようにすること、「自分のからだは、自分のもの」という意識を持つこと。まずは、ここから始めていきましょう。次に、からだの部位の中でも、プライベートパーツ（水着で隠れる部分と口）には、ほかの部位とは違う特別なルールがあることを学びます。つづいて、「感情」「コミュニケーション」「同意」の三つに焦点を当て、学びを深めていきます。性行為そのものや生殖のしくみ、性的関係、性の多様性といったテーマに移っていくのは、そのあとです。

ちなみにこれは、「何歳になったら」というものでも、「何歳までに」というものでもありません。個人的には、親からそうした話を聞ける機会が、高校に上がる前にあったらよ

かったと振り返っていますが、それぞれのご家庭で、よい頃合い（親子双方の心の準備が整ったと感じられた時点）を見計ってください。

米国では、学校での性教育は、小学3年生か4年生から始まることが一般的です。つまり、それより年少の子どもに対する性教育は、親に委ねられているというのが現状なのです。本格的な性教育に先立つかたちで、からだの安全の守り方について教えておかなければならない理由は、ここにあります。

＊

皆さんには、お子さんが性に関する疑問や悩みを抱えたとき、ためらわずに相談できる存在になってほしいと思います。そのためにも、ここまでに見てきた14点のような、誤った思いこみから抜け出しておく必要があります。

子どもの情報源を、友達やＳＮＳからの不確かな話、玉石混交のYouTube動画などだけにしないために、からだの安全の守り方を学ぶという最初の一歩から、こうした話題を親子間で話し合うことに慣れておきましょう。ここで下地をつくっておけば、以降の少しハードルの高いテーマについても、お互い自然に話しやすくなるはずです。

# 第2章

# 危険信号に気づく

## 「グルーミング」とは

本章では、犯人が子どもに近づく手口を知り、その対策を探っていきたいと思います。

「グルーミング」という言葉を聞いたことがあるでしょうか。この言葉には本来、「毛づくろいする」「毛並みを整える」「手入れをする」といった意味がありますが、**性犯罪における「グルーミング」は、加害者が被害者を手なづけるためにおこなう行為を指します。**

狙いを定めた子どもおよびその家族と関係を築くために、加害者は意図的かつ計画的に

「グルーミング」を進めていきます。相手の心を巧みに操り、本人と家族の懐に入りこむことで、自らの目的を秘密裏に果たそうとするのです。

わたしが所属するダークネス・トゥ・ライトでは、グルーミングについて次のように説明しています。

加害者らは、実際の加害に及ぶ下準備として、被害児一家との関係を長い時間をかけて深めていき、お互いに尊重すべきものである境界線をゆっくりと踏み越えてくる。この流れは表面上、加害者と被害児（場合によっては、その子の世話をする立場にある大人たち）が徐々に打ち解けて親しくなっていくという、自然な過程に見えてしまうこともある。界隈で広く知られた人物、高い評価を受けている人物などによっておこなわれるグルーミングは特に見抜きづらく、被害児も周辺の大人たちも、加害者の思惑どおりに信頼を寄せてしまいやすい。

こうした相手の罠にはまらないためには、グルーミングについての理解を深めておくことが重要です。

## グルーミングの手口

ここからは、グルーミングのさまざまな手口を解説していきます。解説の中に出てくる言葉や行動を見聞きしたら、その人物に対して注意を怠らないようにしてください。

### 手口1 秘密を守らせる

性被害は、幾重にも重なった秘密に隠され、水面下で進行していきます。「これは、誰にも秘密だよ」といった言葉をかけてくる大人がいたら、それは大きな危険信号、「レッドフラッグ」です。

「このおやつのことは、誰にも秘密だよ。お夕飯の前に一緒にアイスクリームを食べちゃったって、ママには言わないでね」

こんな一見無害そうなやりとりから始めるのが手口です。小さな秘密、たわいない秘密を重ねていき、**子どもが秘密を守れるという確信を得ると、犯罪者は、性加害を実行に移します。**そして、その行為についても、これまで同様に秘密にするよう約束させるのです。この時点までに、被害者である子どもの側に罪と恥の意識が生じてしまい、本人が自ら口をつぐんでしまうケースもあります。

**対策**

「秘密は禁止」を家庭内のルールにします。幼いお子さんには、親に対して秘密を持たないと約束させてください。不思議に思って「どうして?」と質問してくる子もいるでしょう。簡潔な答えは「秘密は子どもにとって危険なものだから」「秘密がなければ、いつでもすぐに助けてあげられるから」です。

もう少ししっかり説明したい場合は、「世の中の大人はだいたいいい人だけれど、悪い大人というのもいるから」「そういう悪い大人が、子どもをだましたり、子どもに暴力をふるったりするために秘密を使うことがあるから」と伝えられるでしょう。

このとき、「秘密」と「サプライズ」の区別に迷う子も出てくるかもしれません。その場合は、こんなふうに教えてください。誰かを喜ばせ、幸せな気持ちにさせるために計画された隠しごとは「サプライズ」。早く明かして相手の喜ぶ顔が見たいと思うなら、それは「サプライズ」です。反対に、**いつかバレたらと考えると気まずくなり、隠していることを後ろめたく感じるなら、その隠しごとは「秘密」です。**このことは、3分半ほどの短い動画にもまとめました。お子さんと一緒にご覧くだされば幸いです。

YouTubeチャンネル「I Said No!」より「Red Flag Secrets」（英語版のみ）

### 手口2　特別な友情関係にあると思いこませる

「同じものに興味がある」「共通の趣味がある」そんな切り口で子どもに近づき、「きみはほんとうにすごいね」「きみみたいな子はほかにいないよ」などと、**特別扱いすることで、子どもの信頼を勝ち取ろうとします。**共通の話題を楽しむ様子を見せながら、狙った子どもの心を捉えていくのです。大人が、特定の子どもと「友達」になろうとしていたら、厳重な警戒が必要です。

**対策**

子どもにふさわしいのはその子の年頃に合った友達であり、大人が持つべきは大人の友達です。このことを再認識し、お子さんにもそう言い聞かせてください。

### 手口3　二人きりの状況をつくる

これはもう、大きなレッドフラッグです！　どんなかたちであれ、大人と子どもが二人きりになる状況は、安全とは言えません。それが宿泊を伴うものならなおさらです。合宿やサマーキャンプなど、着替えや寝泊まりを避けることができないイベントには、常にリスクが内在していることを心に留めてください。

日常生活の中でも、「二人きり」はつくれます。たとえば、習い事の先生が、レッスン後はお子さんをお宅まで車でお送りしますよ、と申し出てくれるようなことがあるかもしれません。このときお子さんが一人なら、車内の状況は「大人と子どもが二人きり」です。純粋な親切心からの提案かもしれませんが、お断りするのが無難な選択です。

もしお願いする場合は、「何かあったら訴えます」という感じのアピールをすることが大事です。その前提として、習い事の先生とのコミュニケーションを深めておくことも必要です。

対策

**保護者が不在になる場面では、どんなときも「3人ルール」を徹底してください。**子どもと大人が同席する際は、その場に必ず3人以上の人間がいるようにする、というルールです。3人の組み合わせについては、大人1人に子ども2人でも、大人2人に子ども1人でも構いません。

## 手口4 スキンシップで親愛の情を示す

頭をなでる、背中を優しくポンと叩く、さよならのあいさつと一緒にハグをする。親愛の情を示すこうした行為やスキンシップは、本来大切なことです。しかし、相手が性犯罪者となれば、話は違ってきます。こうした行為が重ねられていくうちに、狙われた子どもは相手に触られることを当然と思うようになります。加害者はそこにつけこんで、徐々に性的な接触へと進んでいくのです。

誤解のないようお伝えしておきたいのですが、保護者以外の大人からのスキンシップを、すべてグルーミングのサインだと言いたいわけではありません。わたしの知り合いの先生の中には、身体的な接触の是非について真剣に考えすぎるあまり、子どもには一切ふれないようにすると決めてしまった方もいます。しかし、これは悲しいことだと思います。幼い子どもたちの側が、先生の手を握りたいと思ったり、おはようのあいさつと一緒に先生にハグをしたいと思ったりすることもあるはずだからです。大切なのは、子どもがいつでもそうした接触を求めているとは思いこまないことです。

対策

身体的な接触に関して不快に感じることがあればいつでも、保護者、あるいは誰か信頼できる大人に相談するよう、子どもたちに教えておいてください。

特定の大人を避けている様子があったら、それとなく聞き出しましょう。その人物から好意を寄せられることに、不快感を感じている可能性があります。

## 手口5　サービスやプレゼントを無償で提供する

サービスは、主に保護者に対して提示されます。「ギター教室のレッスン料って結構しますもんね。うちでよければ、無料でお子さんに教えますよ」「その時間、うちでお子さんを預かりましょうか」。そんな、一見ありがたく思えてしまうような申し出です。純粋な厚意で提供している無料のレッスンやサービスというものも、存在しないわけではありません。しかし、見返りなしに労働力の提供を申し出てくることは、それほど一般的ではないはずです。さらに、その「無料」のレッスンやサービスが、お子さんを一人きりで預けることになるものなら、手口3（二人きりの状況をつくる）のレッドフラッグも上がります。

一方、プレゼントは、主に子ども本人に対して贈られます。贈り主は、身近な知り合いとは限りませんし、贈り物もお菓子やおもちゃなどの現物とは限りません。見知らぬ人物が、オンライン上でゲームのアイテムを送ってくるようなケースもあります。いずれにしても、**保護者の知り得ぬところで、明確な理由のないプレゼントを子どもに与えるという行為には、十分な注意が必要です。**

グルーミングの一形態としての「プレゼント」は、からだにふれたり、何らかの不快な思いをさせたりといった加害に及ぶ前の下地づくりとして、何年にもわたっておこなわれることもあります。

**対策**

個人レッスンなら同席を希望する、個別補習なら教室前まで付きそうといった対応を取るようにします。いずれにしても、指導中は教室のドアを開けておいてもらうようお願いし、中の様子に注意を払ってください。

プレゼントの授受については、お子さんとしっかり話し合っておく必要があります。どんな機会に、誰からであれば、プレゼントを受け取ってもいいのかを一緒に考えましょう。そして、プレゼントをもらったら、必ずそのことを教えてほしいと伝えます。「受け取ってもいい人」じゃない人からであっても、怒られることはないと、報告することに安心感も加えてください。

**参照事例**（性被害についての具体的な記述を含みます）

幼いころ、祖父はわたしと会うたびに小さなプレゼントを買ってくれて、お出かけにもよく連れていってくれました。両親の離婚が現実的になってくると、祖父の家に泊まることが増えました。7歳になるころには、祖父が世界で一番好きな人になっていました。両親のいざこざという嵐で荒れた家から救い出してくれたのも、祖父でした。

8歳になったころ、祖父がからだに触ってくるようになりました。時をおかずに、性加害が始まりました。いまではわかります。プレゼントもお出かけも、何年にもわたるグルーミングだったのです。性被害が起きたのは自分のせいだと、ずっと思いこまされていました。祖父は、わたしに責任を押しつけてきました。こんなことになったのは、お前のせいだと。祖父の一番のお気に入りという立場に甘えつづけてきた、お前に非があるのだと。（性暴力サバイバーからのヒアリングより）

## 手口6　自尊心をくすぐる

さまざまな褒め言葉を繰り出して、狙った子どもやその家族の自尊心をくすぐる。これも、グルーミングの常套《じょうとう》手段です。公の場で、個人的に、あるいはネット上で。大人に対しても子どもに対しても、加害者たちは実に巧妙に褒め言葉を浴びせてきます。

**対策**

家庭内でお子さんの自尊心を高めておくことが一番の対策です。

その日にしたこと、思ったことを話し合い、お子さんが「自分は大切にされている」「認めてもらえている」と感じられる言葉をかけてあげてください。「保育園でつくってきたこの作品、とってもすてき！　どうやってつくったのか聞きたいな」。そんな小さなことで構わないのです。こうした声かけは、いくらやっても、やりすぎにはなりません。「いつもお手伝いありがとう」「あなたのことがとっても大事」。そんな言葉で気持ちを伝えることもできます。

子どもが自尊心を高め、ポジティブな自己イメージを築いていけるよう、できる限りの手伝いをしてあげてください。自分には価値があると思えることは、その子にとって大きな防具になります。

自尊心をくすぐろうとおだててくる人には気をつけましょう。この人はそうかも、と感じたときは、警戒を緩めないようにしてください。

## 手口7　「楽しい雰囲気」を隠れ蓑《みの》にする

加害者は、ジョークやゲームなど遊びを通して子どもたちに近づいてくることもあります。初手こそいわゆるG指定、全年齢対象の内容かもしれませんが、そこにはすぐに性的な要素が混ざってきます。

加害者たちは、くすぐり遊びや社交ダンスごっこに徐々に性的な接触を加えたり、「ゲーム」と称して自分の下着の中に隠した物やお金を子どもに探させたりします。こうした「遊び」の内容はやがて、オンラインポルノを見るよう仕向ける、性的に露骨な場面のある映画に連れていく、といったところにまで及んでいきます。「楽しい雰囲気」を隠れ蓑《みの》に、性的な言葉や行為に対する子どもの違和感を、段階的に薄めにかかってくるのです。

性的接触という概念になじみの薄い子どもたちは、この手のグルーミングを仕掛けられると、**その場の楽しさを性的接触の楽しさと混同してしまうことがあります。加害者の狙いは、まさにそこにあるのです。**

**対策**

子どもたちと一緒に、からだの安全を守るためのルール（第4章でふれます）をおさらいし、からだの境界線（第9章で解説します）についても再確認しておきましょう。

中でも、特に念押ししてお子さんに伝えてもらいたいことが二つあります。

一つ目は、**子どもへの性加害があったとき、子どもに非があることはあり得ない**、ということです。これは、法律的に同意が成り立たないためです。二つ目は、**プライベートパーツが絡む遊びには絶対に参加しない**、ということです。そのような遊びに自ら加わることは、からだの安全を守るためのルールを破ることになります。また、そのような遊びに参加させようとする行為は、レッドフラッグです。

## 手口8　共感を寄せる

子どもたちも、ときには孤独を感じることがあります。その傾向が特に顕著になるのは、家庭内に不和が生じたときです。両親の別居や離婚、家族構成の変化や引越しは、子どもの心を不安定にします。そんなときの子どもは、「きみの気持ち、よくわかるよ。うちの両親もけんかばっかりだったからさ！」といった声かけに弱くなります。その言葉を発した相手が子どもを狙う犯罪者であっても、簡単に心を開き、精神的なつながりを感じてしまうのです。

血のつながりがある両親と子ども以外の人物が同居している状態、家庭内で何らかの問題が生じている状態、この二つの状態はいずれも、児童性被害のリスク因子であることが報告されています（Assink et al., 2019）。子どもが義理の親と同居している場合、あるいはひとり親の場合には、リスクはより高まります。リスクがもっとも高くなるのは、ひとり親の家庭に、その親のパートナーが同棲している場合です。この環境で暮らす子どもが児童性被害の被害者となる確率は、両親ともに生物学的な親である家庭で暮らす子どもの20倍と言われています（Sedlak et al., 2010）。

この数字は、ひとり親世帯が子どもを狙う犯罪者の標的になりやすいことを具体的に示すものです。同様に、里親家庭の子ども（養子）が児童性被害の被害者となる確率も、両親ともに生物学的な親である家庭で暮らす子どもの10倍だと言われています（Sedlak et al., 2010）。

**対策**

わたしは、子どもを見守る立場にある大人たちが力を合わせ、児童性被害防止のために積極的に動くことこそ、最大の効果が見こめるリスク軽減策だと考えています。**家族構成にかかわらず、家庭内に不安や緊張が満ちている時期は、お子さんの安全にいっそうの注意を払うようにしてください。**

新しい人物をお子さんに紹介する際には、細心の注意が必要です。新しいパートナーや友人が、ご自身の目がないときにお子さんに会いに来ることのないよう気をつけてください。お子さんが在宅しているときは、新しいパートナーや友人は家に泊まらせないようにしましょう。

からだの安全の守り方についてお子さんと話し合い、お子さんが困ったときに頼ってもいい人物、つまり「信頼できる」大人を決めておくようにしてください（第3章を参照してください）。

## 手口9　恥の感情と罪の意識を持たせる

手口7の対策でも申し上げましたが、大前提として、**性的合意は、子どもにできるものではありません**。犯人がいくら「嫌だって言わなかったじゃないか！」と言ったところで、法的には何の意味もないのです。しかし加害者は、子どもを責め立てて罪をなすりつけ、恥の感情を持たせることで心理的に支配し、被害について子どもが誰かに話すことを阻もうとしてきます。そこから逃れることは容易ではありません。

典型的なフレーズを紹介しましょう。

- 罪のなすりつけ　「きみも楽しんでた。しようって言ったのはきみだ」

・恥の感情　「お家の人が知ったら、そんなことするのはうちの子じゃないって言われちゃうだろうね」
・罪の意識　「このことをママに言ったら、家族はバラバラになるよ。ぼくは刑務所行きだ」

こうした支配戦術は、子どもから子どもへの加害の中で使われることも珍しくありません。

受賞歴を持つ作家であり、性被害防止を訴える活動家でもあるキャシー・スチューダーさんは、次のように語っています（２０１９）。

**参照事例**（性被害についての具体的な記述を含みます）

わたしの前に現れた加害者は、継父でした。継父からの性加害は、６歳から12歳まで、６年にわたってつづきました。あまりにも恥ずかしくて、性加害を受けていることは誰にも言えませんでした。継父には、お前が悪いからこうしているのだ、これは罰なのだ、と言われました。もう母に話そう、何度かそう思いました。しかし、母の反応を思うと怖くなり、結局、一度も話すことはできませんでした。継父は、母が夜勤に出ている間にわたしを罰するよう、母から頼まれているのだと言いました……。

被害児の多くは、自分の性被害について誰かに相談することに、強い抵抗を覚えます。そうした行為の対象となってしまった自分のことを、ひどく恥じているからです。性加害の期間が長引けば長引くほど、被害児が抱える恥の感情は蓄積されていきます。これに加え、かつてのわたしと同じように、性被害について話せば家族が崩壊する、と脅されている被害児も少なくありません。この脅しが枷《かせ》となって、被害児の口は、ますます重くなってしまうのです。

対策

**その性加害がどれほど長期にわたってつづいていたとしても、それは決して被害児のせいではない**ということを、子どもたちにしっかり伝えてください。

その上で、自分の周りには保護者をはじめとする信頼できる大人たちがいて、いつでも自分を助け、守り、愛してくれるのだという認識を持たせてあげてください。いつでも何でも話してほしい、**話してくれたことはちゃんと信じる**と、もう一度、いいえ、何度でも、伝えてあげてください。

## 手口10 「みんなしてるよ」と安心させる

加害者たちは、子どもの警戒心を解くために、自分の行動があたかも「ふつう」であるかのように見せかけてきます。「みんなしてるよ」「ほとんどの子がしてることだよ」。こんな言葉が出てきたら、レッドフラッグです。こうした言葉で、ここまで紹介してきた手口（特に1、3、4、5、7）が秘密裏に進められていくのです。

### 対策

お子さんに秘密を守ることを約束させたり、支配的な行為や過度なスキンシップを試みたり、物やお金を贈ったりしている大人はいませんか？　お子さんとその人物が、他人の目を避けてこっそり会うような関係になってはいないでしょうか？

グルーミングの手口について知っておくことは、小さな兆候も見逃さない注意力を養うことにつながります。

お子さんの年齢にかかわらず、「からだの安全の守り方」と「同意」について、定期的かつ継続的に話し合いましょう。健全で適切な仲間関係とはどういったものか、お子さんと一緒に考えてみてください。

## 手口11 空席に忍びこむ

シングルマザーの方、シングルファザーの方は特に、この手口に気をつけてください！離婚したこと自体を責めるつもりは、みじんもありません。わたし自身、2度の離婚を経験しています。

加害者本人たちからの聞き取りをもとに、どんな子どもがターゲットとして狙われやすいかを探った調査研究があります。示された答えは「ひとり親家庭あるいは機能不全家族の一員で、おとなしく物静かで悩みを抱えていそうな子」でした。(Elliott, Browne, and Kilcoyne, 1995)。

離婚直後、ひとり親の多くは、自分の人生の変化に向き合うことを余儀なくされます。このときの反応は、人によってさまざまです。悲嘆に暮れ、落ちこみ、孤独を抱えつづけるタイプ。子どもをベビーシッターに任せる時間を増やして、友人たちと出かけたり、リスクの高い決断をしたり、自分の人生を謳歌するようになるタイプ。真逆のようなこの二つのタイプですが、「子どもに手を出す前に親の信頼を勝ち取っておこう、そのためにまずは親をグルーミングしよう」と考える犯罪者の目には、どちらも格好のターゲットとして映るのです。

彼らは、無料でベビーシッター役を務めると申し出たり、スポーツクラブやダンス教室

への子どもの送り迎えを買って出たりして、親の懐に入りこんできます。「子ども
は見てあげるから、その間にヨガに行ってきたら？」。そんな親切めいた言葉をかけてくること
もあるかもしれません。「たまには友達と旅行にでも行ってきたらいいよ」。そんな優しげな助言のかたちで、週末に子どもを泊まりがけで預かることを提案してくる可能性もあります。

彼らの目的は、狙った子どもに近づく口実と権利を得て、その子とともに過ごす時間を手に入れることです。グルーミングがつづくうちに、彼らはその家族にとって必要な存在になっていきます。親が一人抜けたことで、空いていた席にするりと入りこんで、いつでも子どもと接触できる立場を獲得してしまうのです。

**対策**

できることなら、離婚後せめて1年間は、新しいお相手との交際は控えるのが望ましいかと思います。離婚の影響を受けるのは、離婚した当人だけではありません。子どもたちにも、両親の離婚という事実を受け入れ、理解し、悲しみ、消化するための時間が必要です。この移行期間は、家族全員にとって難易度の高いものになりがちです。できればこの時期は、新たなお相手との交際は様子見に留め、目の前のお子さんとご自身をいたわる

こと、ご自身の心身の健康を整えることに注力してほしいと思います。

新しく交際に踏み出す際には、お相手に関する情報をオンラインで調べてみてください。各種ソーシャルメディア上での交友関係、これまでの投稿などについても確認しておきましょう。

また、お相手の家族や友人からも話を聞いてみてください。この段階では、どんなに慎重になっても、警戒しすぎということはありません。遠慮することなく関係者を訪ねて回って、「またあのママさんが来たよ」「ああ、あの新しいお相手だね」、そんな存在になってしまいましょう。

信頼に足る人物だという確信を得るまでは、お相手を家には招かないようにしてください。お子さんを遊びに連れていってあげる、お子さんにプレゼントを買ってあげるといった親切な申し出があっても、この時点ではまだお断りするようにしましょう。お相手との間に永続的な信頼関係が築かれるまでは、お相手とお子さんだけになる状況をつくらないようにしてください。

ここまでの記述に、ちょっと大げさなんじゃないか、という感想を持たれた方もいることでしょう。しかしこれが、児童性被害防止の専門家であり、シングルマザーを支える活動もつづけてきたわたしの実感なのです。

活動を通して見聞きしてきた数々の事例、そして、自分自身のシングルマザーとしての経験から、確信を持ってお伝えできることが二つあります。まず、ひとり親を狙った「空席に忍びこむ」手口は、非常に危険性の高いものであるということ。しかしその一方で、親であるわたしたちが必要な知識を学び、安全のための戦略を実践し、正しい選択をすれば、防げるものでもあるということです。

# 第3章

# 「信頼できる」大人

## 肩書きで「信頼」しない

「信頼できる」大人とは、どう定義できるのでしょうか？　第１章でもお伝えしたとおり、子どもの性被害の90パーセントは、親戚、親の友人、被害児よりも年長の子ども、コミュニティ内の有力者など、被害児とその家族にとって「信頼できる」はずだった人物の加害により発生しています。

ということは、「誰か」では定義できないということです。定義するには、その人物の

「行為」に焦点を当てなくてはなりません。「信頼できる」大人なら、子どもに対して次のようなことは決してしません。

- 何らかの事項について、親あるいは保護者には秘密にするようにと言いきかせる
- 嘘をつくよう強要する
- からだの安全を守るためのルールを破らせようとする
- 不安に思うこと、不快に感じることをさせようとする
- 物やお金で釣ったり、だましたり、弱みを握ったりして何かをさせる
- 何らかのかたちで脅迫する
- 下卑た言葉、攻撃的な言葉、性的な言葉を使用する
- 不適切な写真を提供するよう要求する
- その子の「特別な友達」であると自称する
- 親あるいは保護者の知らないところで物を買い与える
- その子と二人きりの時間が持てるよう画策する

こうした行為をする人物は、「信頼できない」大人です！

## 「信頼できる」大人の見つけ方

皆さんの周りの大人で、お子さんを守りたいという気持ちがある人を思い浮かべてみてください。わたしたち家族にとっては、おばあちゃん（わたしの母）がそんな存在でした。でも、そうした人たちが、子どもの性被害についてくわしいとは限りません。ですから、**お子さんを守りたいという気持ちがあることに加えて、子どもの性被害を防ぐことについて前向きに学ぼうという気持ちもある人が、「信頼できる」大人です。**

「学ぶ気はある？」と単刀直入に聞きづらければ、それとなく切り出してみましょう。（メールやメッセージのやりとりでも、会って話しているときでも）お子さんの話題になったときに、「からだの安全の守り方」についてどんなことを教えているかにふれてみるというのは、きっかけづくりの一つです。

間接的にはなりますが、お子さんが通う幼稚園・保育園や小学校、地域の図書館などに、子どもを性被害から守るというテーマで書かれた本を寄贈したり、読み聞かせボランティアでそれらの本を紹介したりすることも有意義です。親が性被害防止に精通していると周囲に知らしめることは、我が子を守る強い盾となります。同時に、啓蒙による波及効果を生み、我が子以外の多くの子どもを守ることにもつながっていくのです。

お子さんたちが成長して、自分の感情に自覚的になり、その感情を言葉にして口にできるようになってきたら、ぜひお子さんから話を聞いてください。先生、おばあちゃん、おじいちゃん、おば、おじ、ベビーシッターといった身近な大人について、お子さんにいろいろと質問してみましょう。小さな我が子が「お腹を壊したり、園や学校で粗相をしてしまったりしたときにも、この人が来てくれれば安心できる」と思っている人物は誰なのか、きっと見えてくるはずです。

「信頼できる」大人は、「グリーンフラッグの人」と呼ぶこともできます。「グリーンフラッグ」は、危険信号を意味する「レッドフラッグ」と対になる言葉です。幼い子どもたちは、色とその名前について学びはじめると、赤という色が「止まれ」の信号や危険を知らせる標識などに使われていることに気づくようになります。赤色は「危険」、緑色は「安全」、というイメージを、自然に持つようになるのです。お子さんがまだ小さく、「信頼できる大人」「信頼できない大人」という言葉では理解が難しそうだと思われる場合は、グリーンフラッグの人、レッドフラッグの人という言葉を使ってみてください。

ちなみに、わたしの勤務する幼稚園では、年度始めの安全対策プログラムの一環として「信頼できる大人のリスト」の作成を子どもたちに指導しており、皆この機会に自分なりのリストを作成します。子どもが自由につくったリストには、「ママ」「おばあちゃん」「パパ」「大好きなお友達」「家で飼っているペット」そして「先生（わたしのことです！）」が入っているのが定番です。

リストができたら、子どもたちに「信頼できる」大人は「18歳以上」の「人間」だということを補足するようにしています（大好きなお友達やペットも頼れる仲間ではあるのですが）。あなたに何か起きたとき、「大人」の「人間」なら、あなたを安全な場所へ連れていける可能性が高いから、と説明します。

## ベビーシッターについて

我が子に接する大人の中でも、「他人の目がないところで、子どもの世話をする」という状況がベースになるのがベビーシッターです。我が子のために安全なベビーシッターを確保することは、保護者にとって悩ましい問題です。わたしたちの頭の中には「女性は男性よりも危なくない」という刷りこみがあり、性別が女性というだけで警戒心が緩んでしまうことがあります。しかし、子どもを狙う性犯罪者には女性もいて、それはベビーシッターを務める女性にも言えることです。ただ、女性による性犯罪は、加害者が男性であるケースに比べ、非常に低い割合でしか表面化してきません。その背景には、性別に関するステレオタイプ（女性は男性よりも性的な関心が薄く、攻撃性も低い）の影響があります。被害児本人ですら、日常的に受けている介助と混同してしまうことが珍しくありません。

また、保育サービス事業としてのベビーシッターだけでなく、親戚や近所の子（中学生や高校生など）が、お手伝いやお小遣い稼ぎとして幼い子どもの面倒を見るケースもありますが、この場合も「子どもだから大丈夫」とは言えません。そのことを示す一例として、わたし自身の経験を少しお話しさせてください。

**参照事例**（性被害についての具体的な記述を含みます）

わたしが6歳、妹が4歳だったころの話です。両親が二人きりで夕食に行く夜、留守中のベビーシッターとして、家族ぐるみでつき合いのあった家の15歳のお姉さんが来てくれました。彼女はわたしたちに、普段より遅くまで起きていることを許してくれました。ベッドに入る前に、アイスクリームも食べさせてくれました。テレビだって見させてくれたのです！　そして、彼女は言いました。今夜のことは、パパとママには言っちゃダメだよ。秘密にしておけば、またこういうふうに楽しく過ごせるからね。6歳だったわたしには、この楽しい時間が何か悪いことにつながるだなんて、想像もできませんでした。

それからも時折、同じような楽しい夜が訪れました。何か月かの間、わたしたち姉妹は「秘密」を守りつづけました。するとある晩、彼女がいつものようにわたしたち姉妹のシャワーを手伝ってくれているとき、不意に自分のブラジャーを外し、あらわになった胸を、わたしたちに触らせようとしたのです。彼女の言う「お医者さんごっこ」に引きずりこまれそうになったわたしと妹は、とたんに怖くなりました。

わたしは、両親が出かけたレストランの名前を知っていました。からだを拭いてパジャマを着たあと、彼女がテレビを見ている間に、家に置いてあったデリバリー用メニューの中からそのレストランのものを探し出し、書いてあった番号に電話しました。電話に出てくれた配達員さんに緊急事態だと告げ、両親の名前を伝えました。父と母はすぐに帰宅してくれたので、わたしたち姉妹は速やかに、彼女の魔の手から脱出することができました。

この出来事のあと、わたしたちは母と一緒に「からだの安全を守るための行動計画」を立てました。わたしたちの信頼できる大人は隣人のグラナタさんで、困ったときに駆けこむ先もグラナタさんのお宅、と決まりました。

それから2年ほど経ったある日のこと、当時14歳だった親戚の男の子が、わたしたち姉妹のベビーシッター役としてあてがわれました。両親の車が出発するやいなや、その男の子は不適切な提案を繰り出しはじめました。

「ねえ、ゲームしない？ 暗いクローゼットに7分間、二人きりで閉じこもる『7分間天国（Seven Minutes of Heaven）』ってゲーム。みんなやってるんだよ！」

「それか、パパとママのベッドで、『結婚ごっこ』しない？ 友達の家に行くと、いつもしてるんだ。すごい楽しいよ。大人がしてるみたいにベッドで一緒にゴロゴロするゲーム。楽しいよ！」

妹もわたしも、それはよくないことだと直感しました。トイレに行くと言って裏口から逃げ出し、安全計画のとおりグラナタさんのお宅に駆けこみました。グラナタさんが両親に電話をかけてくれて、わたしたちは無事でいられました。

翌日、謝罪するよう言いつけられた男の子が、お詫びの印だという大きなぬいぐるみを持ってわたしたちの前に現れました。わたしたちは受け取りませんでした。その日以来、彼とは顔を合わせていません。

もちろん素敵なベビーシッターもいました。ファニーという名前の65歳くらいの女性です。彼女が伝えてくれた言葉は、いまでもわたしの頭に残っています。

「ね、お嬢さんたち。これまでにほかのベビーシッターとの間であったこと、お母さんから伺ったわ。それでね、わたしが自分の子どもや孫たちに教えてきたルールを、お嬢さんたちにも伝えておきたいと思うの。あなたたちのからだで、ベビーシッターに触らせていいのは1か所だけ。足だけよ」

妹とわたしは、思わず大声を上げてしまいました。「ええっ？　足？　なんで？　変なの！」

するとと彼女は、温かい濡れタオルを手にしてこちらに歩み寄ってきました。そしてわたしと妹に、「足をきれいにしてもいいかしら？」と足にふれる前に確認してくれました。わたしたちは「はい」と返事をしました。

「1日しっかり遊んだあとは、足が汚れるものだからね」。わたしたちの足を拭きながら、彼女は説明してくれました。「足をきれいにしてからベッドに入れば、シーツを汚さずに済むわ。そうすれば、お母さんの手間を減らしてあげられるでしょう？」

彼女の言うとおりでした。わたしと妹は、朝にシャワーを浴びることにしていたので、拭いてもらうまでは足がとても汚かったのです。足がきれいになると、彼女はわたしたちをベッドに入れて寝かしつけてくれました。安全な環境の中、安心感に包まれて、わたしたち姉妹は眠りにつきました。

「からだの安全を守るための行動計画」を確立しておくことは、お子さんの安全を守る上で大いに役立ちます（行動計画の作成は、第4章でご紹介します）。お子さんをベビーシッターに預ける前に、家族みんなでルールを再確認するというのもよい考えだと思います。

## 安全なシッターを見きわめる5ステップ

ベビーシッターを雇う際は、しっかりと選考をおこなうようにしてください。お子さんを長時間預けるのは、次に紹介する5つのステップを踏んで、この人は安全だと見きわめてからにしましょう。

＊編注：ステップ1～5について、原文では、ベビーシッターと個人契約を交わすことをベースに書かれています。これは、日本におけるベビーシッターの一般的な手配方法と大きく異なります。そのため邦訳版のステップ1～5は、普光院亜紀さん監修のもと、原文での要点を踏まえ、日本でも通用する内容にリライトを施しています。

## ステップ1 紹介機関を選ぶ

主な紹介機関には、ベビーシッター会社とマッチングサイトの二つがあります。

・ベビーシッター会社

依頼を受けたベビーシッター会社が、利用者の居住地や希望に合わせて、自社の登録シッターを派遣します。料金は会社が決めており、入会金があるのが通常です。会社がシッターと契約を結んでおり、シッターの選定や育成は、会社の責任のもとにおこなわれます。シッティング中のトラブルにおける損害賠償保険も会社として契約しています。

各社のＨＰに記載されている保育方針、シッター登録の方針、利用規約で比較検討しましょう。また、問い合わせた際の電話応対や返信メッセージの安心感もポイントです。そうした対応は、保育の質や責任感につながっています。

同じ会社でもさまざまなシッターが登録されているので、資格の有無、保育の経験年数など、シッターについてのこちらの希望を明確にして、会社に紹介を依頼します。

・マッチングサイト

インターネット上のマッチングサービスです。２０１０年代から急激に増加しました。

プラットフォーム上で、個人シッターと利用者が条件を出し合って出会い、個別に契約します。マッチングサイトのシッターによる性暴力事件が起きたことにより、現在では、マッチングサービス、個人シッターともに認可外保育施設としての届出が必要になっています。また、損害賠償保険はマッチングサイトで契約しているのが標準的です。これらは、厚生労働省が作成した「子どもの預かりサービスのマッチングサイトに係るガイドライン」（現在はこども家庭庁へ移管）にまとめられています。マッチングサイトがこのガイドラインに適合しているかは、以下のサイトから確認ができます。

ガイドライン適合状況調査サイト　https://matching-site-guideline.jp/

利用するサイトを決定したら、プラットフォーム上に個人シッターが提示している条件（資格もしくは指定研修修了の有無、経験、料金、担当できる地域、保育可能な曜日や時間帯、特技など）から絞りこみ、利用者が直接個人シッターに連絡して交渉します。

## ステップ2　初回で人物を吟味する

ベビーシッター会社の場合も、マッチングサイトの場合も、選んだシッターと事前面談をしたり、お試しで預けたりすることを推奨しています。事前面談はオンラインでもおこなわれており、無料でできる場合も多いです。お試し利用の場合は、料金がかかります。

初回利用の際は、お試し利用として、保護者が在宅で仕事や用事をしている時間帯に来てもらい、ときどきのシッティングの様子をのぞくなどして、信頼できるシッターかを見極めることをお勧めします。

たとえば、次のような点を確認しましょう。

- 子どもとの相性。子どもは楽しめているか、安心できているか
- ケアのために子どものからだにふれる場合も、子どもを尊重しておこなっているか
- 子どもの安全、ケガ、誤飲、うつ伏せ寝などのリスクに、十分に注意を払っているか
- こちらが示した約束事を守っているか
- 時間は守れていたか
- 保育の経過についての保護者への説明は的確か。コミュニケーションは良好か

これらの項目に、もしも不安がある場合は、次回からは別の人に替えたほうがよいでしょう。

## ステップ3 候補者の名前で検索する

念のため、インターネットで選んだシッターの名前を検索してみてください。各ソーシャルメディアでのアカウントも検索できたら、どんな投稿をしているか目を通してみましょう。

## ステップ4 お試し期間を設ける

時間の余裕があれば、初回だけでなく、数回はお試しできてもらう期間を設けるのもよいでしょう。この期間を設けることで、子どもと過ごす候補者の様子を観察し、「レッドフラッグ」にあたる行為がないかどうかを確認することができます。

候補者が帰ったあと、お子さんと話し合ってみてください。「あのベビーシッターさんのことは好きだった?」「どんな楽しいことをして遊んでくれた?」などと聞いてみましょう。

大丈夫そうかな、と思えたら、だんだんに時間をのばします。たとえば子どもを見ていてもらう間、外で用事を足しつつ、頻繁に家に戻るようにします。**時間を決めずに出入りすることで、保護者の目があるときとないときで候補者の態度が変わらないかをチェックすることができます。**

## ステップ5 ルールの共有と誓約書への署名

この人にならうちの子を任せても大丈夫そう、と思えたら、家庭内のルールについて提示・説明し、子どものからだの安全を守ることを約束する誓約書をつくって示すのもよいでしょう。シッターに納得してもらえたら、署名ももらいます。

家庭内のルール（被保育者安全確保規則）と誓約書のサンプルは、次ページのとおりです。このサンプルは、左の二次元バーコード、URLからダウンロードできます。ご家庭にフィットするように適宜修正してお使いください。

ベビーシッターを正式に採用したあとの安全対策も、付け加えます。

まず、可能であれば、家の中の要所要所に見守り用の監視カメラを設置してください。そして、子どもを見てもらっているときは、電話やメッセージで連絡を入れる、あるいは実際に顔を出すなど、できるだけこまめに様子をうかがうようにしてください。

ベビーシッター用
被保育者安全確保規則、被保育者身体安全確保 誓約書ダウンロード
https://bit.ly/4fUmDAN

## ベビーシッター用　被保育者安全確保規則

■当家の子どもは、性被害防止についての教育を受けています。
■当家の子どものからだはその子自身のものであり、ハグを強要されることはありません。
■当家の子どもは、大人の見守りなしに子どもだけで部屋にいることを許可されていません。
■当家の子どもは、保護者の在宅時以外は、入浴することもシャワーを浴びることもありません。
■当家の子どもは、トイレ介助を必要としません。
■当家の子どもが不快感を覚えたり、何か問題を抱えたりした場合は、ベビーシッターとして責任を持って保護者に連絡してください。
保護者の電話番号は、＿＿＿＿＿＿＿＿＿＿＿＿です。いつでもご連絡ください。
保護者に連絡がつかない場合は、下記いずれかの信頼できる大人に連絡してください。

（氏名）＿＿＿＿＿＿＿＿＿＿＿＿　（番号）＿＿＿＿＿＿＿＿＿＿＿＿

（氏名）＿＿＿＿＿＿＿＿＿＿＿＿　（番号）＿＿＿＿＿＿＿＿＿＿＿＿

（氏名）＿＿＿＿＿＿＿＿＿＿＿＿　（番号）＿＿＿＿＿＿＿＿＿＿＿＿

■当家の子どもの写真や動画は一切撮影しないでください。
■勤務中は、スマートフォンの位置情報は切っておいてください。
■勤務中は、スマートフォンの使用はできるだけ控えてください。
■当家の子どもは、保護者に対して「秘密」を持つことはありません。

保護者署名　＿＿＿＿＿＿＿＿＿＿＿＿

※トイレ介助の項目は、お子さんの年齢に合わせて調整してください。

## ベビーシッター用　被保育者身体安全確保　誓約書

私＿＿＿＿＿＿＿＿＿＿＿＿＿＿は、私がベビーシッターとして勤務する家庭の子どもたちを保護するために策定された「家族の安全を守るための行動計画」の一部である以下の各条件を理解し、これに同意します。

1. 私は、私の見守りの対象である子どもたちと、常に適切な身体的距離をとって接します。私は、不適切な言動はもちろん、誤解を招くような言動も決してとりません。どの子に対しても、不適切な触り方、不快感を与えるような触り方はしません。
2. 私は、私の見守りの対象である子どもたちがいかなる種類の性被害も受けないよう、細心の注意を払うことを、自らの責任として理解しています。何らかの不適切な状況が発生した場合、あるいはその疑いがある場合は、ただちに子どもの親または法的な保護者に報告します。
3. 私は、私の見守りの対象である子どもたちに関して、不適切あるいは被写体の尊厳を損なうとみなされる可能性のある写真や動画は決して撮影しません。親または法的な保護者から写真や動画を依頼された場合は、被写体に敬意を払い適切な写真または動画のみを撮影し、安全かつ適切な方法で依頼人に共有します。
4. 私は、私の見守りの対象である子どもたちの話に常に耳を傾け、話の中に出てきた心配事や不安を真剣に受け止めます。何らかの虐待あるいは不適切な行為を受けたと打ち明けられた場合、私はその子どもの話を信じ、すぐに子どもの親または法的な保護者に報告します。
5. 私は、児童性加害あるいは育児放棄の疑いがあると気づいた際は、それを通報する義務が自らにあることを理解しています。私の見守りの対象である子どもたちの安全や心身の状態に懸念を覚えた際は、ただちに適切な当局に連絡します。

私は、私がベビーシッターとして勤務する家庭の子どもたちを保護するために策定された「家族の安全を守るための行動計画」の一部であるベビーシッター用被保育者身体安全確保誓約書の条件に従うことに同意します。私は、この誓約書が私の見守りの対象である子どもたちを保護するためのものであることを理解しており、その内容を誠意を持って遵守します。

署名：＿＿＿＿＿＿＿＿＿＿＿＿＿＿＿＿

日付：＿＿＿＿＿＿＿＿＿＿＿＿＿＿＿＿

## 保育園、幼稚園、習いごと教室を選ぶときのチェックポイント

熟慮した上で選択したいのは、ベビーシッターだけではありません。子どもが通う保育園や幼稚園、習いごと教室についても、お子さんの安全を考慮して決定すべきです。

まず見学の際、すぐに確認できるポイントを3点挙げます。「小さな家型の遊具の有無」「大型家具の配置」「スタッフのスマートフォンの使用状況」です。

小さな家型の遊具と大型家具の懸念点は視界の確保です。小さな家型の遊具は、中で何が起きているか外からは見えづらいです。視界を確保できる対策をお願いしましょう。大型家具（背の高い本棚など）が、室内の仕切りとして置かれていると、先生方が教室内を見通すことができなくなります。大型家具は壁際にまとめられているほうがよいです。

スマートフォンをチェックしながら子どもを見るのは論外ですが、子どもの様子を保護者に伝えるために、スマートフォンで写真を撮る園は多く、スマホの使用すなわちNGということではありません。撮影した画像の利用ルールがあるかは確認しましょう。

加えて、あると素晴らしいのは「レッドフラッグ郵便箱」もしくは「話しかけてクリップ」です。設けるよう提案するのもよいでしょう。

## レッドフラッグ郵便箱

旗のかたちに切り抜いた赤い紙のメモ用紙（たくさん）と、郵便箱のように飾りつけた適当な大きさの箱（靴の空き箱くらいのサイズ）を用意し、鉛筆と一緒に教室の隅に設置しておきます。困りごとを抱えた子が、自ら先生に報告したり相談したりするのは恥ずかしいと思ったとき、メモ用紙に自分の名前を書いてこの箱に入れておけば、先生の側から働きかけてもらえる、という仕組みです。

## 話しかけてクリップ

レッドフラッグ郵便箱同様、報告や相談があることを先生に知らせるための仕組みです。くちびるの絵を貼りつけた洗濯ばさみをいくつかと、その洗濯ばさみを留めておくための厚紙を用意し、教室内に掲示しておきます。悩みごとができたとき、その紙から洗濯ばさみを一つ外して、自分の服につけるか、先生に手渡せば、それだけで「話しかけて」の合図になるというわけです。

実際に入園・入会を決めるにあたっては、子どものからだの安全を守ることに対しどのような対策を取り、どのような姿勢で臨んでいるかを、把握しておきましょう。組織としてのポリシーが配布されるのがベストですが、そうでない場合は、次の指標に適っているかをご自身で確認してください（便宜上、先生、コーチ、監督など子どもにかかわる人物をまとめて「スタッフ」と表記します）。子どものからだの安全に関する質問をすることも、子どもたちの安全を守る助けになります。

- 指導を務めているのは、経歴調査*で問題のないことが確認された人物である
- スタッフは、児童性被害防止教育を受けることになっている
- 子どもを守るためのルールおよびルール違反があった際の対応が明文化されている（特に「二人きり」になることの制限、トイレ介助におけるプライベートパーツの扱い）
- 子どもたちの様子を常に把握しておくためのシステムが導入されている
- 子どもたちの安全を守ることが第一とされており、入会儀式や新入りいじめなどの伝統は存在しない
- ジェンダー平等と多様性を尊重する文化がある
- 保護者の見学や同席を受け入れている
- 特定の子どもに対して過度に友好的な態度で接し、その子を「お気に入り」などと呼ぶスタッフがいない

・特定の子どもに、金品をプレゼントするスタッフがいない
・保護者との距離をつめること（親しさの表現、業務外の手伝いの申し出）に、必要以上に熱心なスタッフがいない
・更衣室・トイレにおいて、（特に年齢差のある）子ども同士だけにならないよう配慮がなされている
・子どもたちが着替える際には、それぞれの子が必要とするプライバシーを尊重しつつ、すべての子の安全を確保するという、健全なバランスを保つ配慮がなされている

＊編注：経歴調査については、性犯罪歴の確認を雇用主側に求める「日本版ＤＢＳ」法が２０２６年度に施行予定です。民間の習い事教室における確認は任意。確認義務化施設（学校や保育所など）においても、確認対象の範囲は検討中です。

２０２０年、米国セーフスポーツセンター（US Center for Safesport）は、50種目、計４０００人のアスリートを対象にした調査をおこないました。この結果、アスリートの40～50パーセントが軽度から重度の嫌がらせや性被害を経験していたことが明らかになりました（US Center for Safesport, 2022）。指導する大人と指導される子どもの間には、それだけのリスクが内在しているのです。

また、スポーツをはじめとする、着替えをともなう課外活動における更衣室の危険性も知っておくべきことです。わたしは、２０２２年に開催された「性的搾取を終わらせるための連合（Coalition to End Sexual Exploitation：CESE）」のオンライングローバルサミットで、「アスリートの沈黙（An Athlete's Silence）」の創設者であるジョン＝マイケル・ランダーさんのプレゼンテーションを聞く機会に恵まれました。ランダーさんの見解を紹介します。

更衣室は、最低限の監視しかされておらず、大人の目が届きにくいところです。子ども同士のおしゃべりがとめどなくつづくため、傷つく子が出やすい場所だと言えます。子どもが大人に叱られることなく好き勝手にふるまえるこの時間は、悪くすれば子ども同士のけんか、いじめ、脅し、性加害などを招くことになります。

第4章

# からだの安全を守る行動計画

「からだの安全を守るための行動計画」を作成する。こう聞くと、とても大変な作業のように思えてしまうかもしれません。でも、大丈夫です。小さく分割すれば、決して難しいものではありません。

この章では、行動計画を8つのメニューに分けて見ていきます。行動計画1は、保護者だけがかかわってきますが、2以降は、親子で一緒に取り組む内容になっています。お子さんへの伝え方や身につけさせ方の具体的なアドバイスは、7章以降にそれぞれの章を設けていますので、あわせてご覧ください。

こうした話を親子でおこなうことについて、気まずくなってしまうかも……といった思いが頭をよぎることもあるかもしれません。でも、大丈夫です。ためらう必要も、恐れる必要もありません。「どうして（そんな話をすることが）必要なの？」と聞かれたら、お子さんが親しんでいる安全対策（ヘルメットやシートベルトの着用）を例に、その理由を伝えてあげてください。

親　からだの安全の守り方を知ることは、自転車に乗るときにヘルメットをかぶるようなものなんだ。自分を保護してくれるバリアができるんだよ。

子ども　だけど、この前、ヘルメットをかぶって乗ってたけど、転んで膝をすりむいちゃったよ。

親　そうだったね。でも膝をすりむいたのは、すぐ治ったよね。ヘルメットをかぶっていても転んじゃうことはあるんだけど、ひどい大ケガを避けることはできるよね。

子ども　大事な頭は守られる、ってこと？

親　そう、そのとおり！

行動計画を実行していく中で培われる「声を上げる力」「自分の思いに気づき、それを表明する力」は、その子の人生にとって最高の贈り物の一つとなるはずです。

**からだの安全を守るための行動計画　作成メニュー**

1　訪問先のリスク評価
2　自分のからだは自分のもの
3　コードワード
4　プライベートパーツの2条件
5　子どもヒアリング
6　「信頼できる」大人の連絡先の共有
7　秘密は禁止
8　正しい用語で話す

## 行動計画1　訪問先のリスク評価

第1章でも確認したとおり、子どもの性被害には、子どもから子どもへの加害が少なくありません。お子さんに「友達の家に一人で遊びに行きたい」と言われても、許可するのは訪問先のリスク評価をおこなってからにすべきです。

まずは、公園などの開かれた場所で、保護者同伴で遊びましょう。そして、保護者同士の会話の中でからだの安全の守り方についてふれましょう。「最近こんな本を読んだんです」といった雑談を入り口にすれば、自然とその流れに持っていけるはずです。相手の方針がわかるような質問ができればベストですが、こうした話題への反応を見るだけでも、考えを推しはかることはできると思います。

子ども同士が遊んでいる様子にも、相手の保護者との意思疎通にも問題がないと思えたら、お子さんを相手の家に遊びに行かせることを検討してもよい段階に入ったと言えます。

初回はお子さんと一緒に相手のお宅にお邪魔して、お互いの子どもを遊ばせつつ、相手の親御さんか保護者の方とおしゃべりするというかたちで始めていきましょう。

そして、この初回訪問中に、状況のリスク評価をおこないます。安全対策の専門家になったつもりで、次のような質問を自分自身に投げかけてみてください。

- いま自分たちが座っている／立っている場所から、子どもたちの姿を見ることはできますか？
- ほかに誰が在宅していますか？
- 子どもたちは、見通しのよい場所（リビングなどの共有スペース、もしくは、ドアを開け放った子ども部屋）で遊んでいますか？

・子どもたちが、寝室に入れないようになっていますか？
・子どもたちが、トイレを使う際は、一人ひとり別々に使っていますか？
・家庭内で守るべきルールが皆に見える場所に掲示されていますか？
・全体として落ち着いた雰囲気が感じられますか？
・お家の人は、子どもたちの様子をこまめにチェックしていますか？
・子ども同士に意見の相違や問題が起きたとき、お家の人はどのような対処をしていますか？
・子どもたちが、スマートフォンやタブレット、パソコンなどを自由に使える状態になってはいませんか？
・子どもたちはどんなテレビ番組を見ていますか？
・その日のために前もって準備されていた遊びはありますか？
・子どもたちが、屋外や地下室に勝手に行けるようにはなっていませんか？

気がかりな点があれば、相手に直接質問してみましょう。相手の保護者の方に、子どもたちを遊ばせている間の見守り方について質問することは失礼ではありません。ただし、その内容が子どもたちのからだの安全を守ることに関する懸念である場合は、それなりの気遣いが必要です。次の五つのポイントを念頭に置いて会話に臨むようにしてください。

- 「わたし」を主語にして話す

「わたし」はどう感じたか、「わたし」にはどう見えたか、あくまでも個人的な思いだということを強調するようにしましょう。主語を大きくしてしまうと、相手の家が一般常識に外れていると指摘したように聞こえてしまいます。

- 「子どもの幸せ」に焦点を当てる

その懸念が「子どもたちの安全と幸せを守りたい」という思いから出てきたものだということを強調します。

- 「共同作業」のかたちをとる

相手の保護者の方に対処してほしい懸念や問題が生じたときは、「このようにしてください」と指示を出すのではなく、「こんな方法はどうでしょう」と提案ベースで切り出しましょう。

・文化や価値観の違いに配慮する

それぞれの家庭には、それぞれの文化や信念があることを忘れないでください。子どもたちの安全を守ることを最優先にしつつ、違いを尊重し、お互いの妥協点を探っていきましょう。

・思いやりを忘れない

懸念があっても、批判や否定の気持ちはいったん横に置くことを心がけてください。

相手方にこうした質問をすることについて、大げさに騒ぎ立てるようで気が引ける、と感じる方もおられるかもしれません。でも、この件に関しては、うちの子がわたしによく言う「ちょっとやりすぎ」くらいのほうがいいのです。ちょっと煙たがられるくらいの「例の（うるさい）ママ」になって、**事前にリスクを回避しておくほうが、あとで対応に苦慮することになるより、ずっとよいからです。大切なのは、自分の感覚を信じることです。**

もしも、お邪魔した先の環境や状況に違和感を覚えたり、何らかの「レッドフラッグ」に気づいたりするようなことがあれば、ためらうことはありません。早々に失礼してしまいましょう。

**お泊まり会**

わたしとしては、12歳未満の子どもをお泊まり会に参加させることはおすすめしたくありません。同学年の子だけを集めたお泊まり会であればまだしも、年上の子たちがいる場合は、控えたほうがよいと思っています。たとえ会場が自宅であっても、寝ずの番をする覚悟がない限り、子どもたちを適切に見守ることは困難です。

わたしの祖母はよく、こんなことを口にしていました。「わたしだったら、自分の子どもをお泊まり会に行かせたりしないし、うちでお泊まり会を開いたりもしないよ。夜も9時をすぎたら、いいことなんて一つも起きやしないんだからね」

**行動計画2　自分のからだは自分のもの**

これは、同意について学ぶ出発点である「からだの境界線」の考え方です。自分のからだは自分のものだから、触られたくないときには拒否する権利がある、ということをお子さんに覚えてもらいましょう。ハグやキスをしたくないとき、望まない接触をされそうになったときは、相手が誰であっても「いやだ」と言って拒否することができるのです。

同意については、第9章でくわしくふれています。

## 行動計画3　コードワード

コードワードは、お子さんが危険な状況に陥ったときや不快な思いをさせられたときに、そのことを親あるいは保護者にすぐに伝えるための合言葉です。まずは親子で相談して、コードワードにする単語を一つ決めておきます（たとえば「スパゲッティ」）。コードワードが電話口で発せられたり、テキストメッセージで送られてきたりしたら、**それ以上の質問はせず、とにかくお子さんのもとに駆けつけます。細かい質問をするのは、安全な場所に連れ出したあとです。**友達の家でのお泊まり会に参加している子どもから、「スパゲッティ！」とコードワードが電話かテキストメッセージで発せられたとしましょう。たとえそれが夜中の2時でも、返すべき言葉は「すぐ行くよ」一択です。

子どもの安全を守る上で、コードワードは欠かせないものです。「自分が困っている」ということを、友達などの他人がいるところで親に伝えるのは恥ずかしい。そう考えてしまう子どもは少なくないからです。弱虫だって言われるかも。笑い者にされちゃわないかな。告げ口してると思われて、状況がもっと悪くなってしまったらどうしよう。ためらう理由はさまざまです。そんな状況に陥ったお子さんを救うのがコードワードなのです。

グルーミングのレッドフラッグ（第2章のグルーミングの手口1～11）に限らず、「このゲームをやらされるの、好きじゃない。なんか変な感じがする」「からかわれて、つらい」そんな気持ちになったら、いつでもコードワードを発してほしいと伝えてください。

## 行動計画4　プライベートパーツの2条件

プライベートパーツとは「性器、おしり、胸、口」を指します。水着を着た人形や、水着姿の子どもの写真を見せながら「水着や下着の下に隠れている場所と口」と伝えるのが、一番わかりやすいと思います。

「水着で隠れる部分」に加えて、人前で隠すことのない口をプライベートパーツに含める

理由は、大きく分けて二つあります。一つは、キス（すること、されること）という口によるスキンシップが、グルーミングの手段として使われることがあるからです。性的に感じられない部位へのキスから始めて徐々にその範囲を広げ、回数を重ねることで親密な接触に対する子どもの抵抗感を奪っていく、というのがその手口です。もう一つは、口は性加害の兆候が現れやすい場所だからです。口まわりの発疹、唇や口内の腫れなどが見られることがあります。

**他人のプライベートパーツのうち、見ても問題がないのは口元だけです。それ以外のプ**

**ライベートパーツに関しては、見ることも、触ることも、基本的には誰にも許されません。**対象が子どもの場合、例外となるのは次の二つの条件が満たされたときだけです。

①特定の大人……保護者、子どもの世話をする立場にある人（保育士など）、医師など。

②特定の行為……子どもの世話の一環として清潔を保つ手助けをする、健康診断をおこなうなど。

同様に、子どもに対して自分や他人（画像や動画も含む）のプライベートパーツを見たり触ったりするよう仕向けることも、誰にも許されません（例外となるのは、子ども本人の希望を確認した上で、母親がきょうだいを出産するのに立ち会わせる、そのビデオを見せるといった、ごく限られた状況のみです）。プライベートパーツに関するこうしたルールは、お子さんにもしっかりと覚えさせてください。そして、**「そのルールを破ってくる人がいたら、すぐに保護者へ伝える」ことを約束させましょう。**

## 行動計画5　子どもヒアリング

園や学校から帰ってきたとき。ベビーシッターとお留守番をしてもらっていたとき。時間の長短にかかわらず、お子さんと離れて過ごしたあとは、毎回必ず、その間どのように過ごしたかをお子さん本人から聞き取るようにします。お友達の家に一人で遊びに行かせたあとは、帰ってきた本人からだけでなく、相手の保護者の方からも話を聞くようにしましょう。お礼がてら先方に連絡を取り、どんなふうに過ごしたか、問題はなかったかを聞き、お子さん本人の話と食い違いがないか確認しましょう。

お子さんの感想を聞くときには、少しばかりの工夫が必要です。「どうだった？」と聞くだけでは、「楽しかったよ！」の一言しか返ってこないかもしれないからです。次の例を参考に、具体的に質問してみてください。

・お友達と一緒にしたことの中で、何が一番楽しかった？
・とってもうれしい気持ちになるようなことはあった？
・何かつくったりした？
・何か新しいゲームをした？
・すごく笑っちゃうようなおバカなことをした？
・「早くお家に帰りたい」と思うことはなかった？
・誰かが悲しくなっちゃったり、怒っちゃったりするようなことは起きなかった？
・誰も困らなかった？
・今日お友達のお家に遊びに行って、一番よかったことはなんだった？

・今日お友達のお家に遊びに行って、一番嫌だったことはなんだった？

こうしたコミュニケーションが必要になるのは、お友達の家に遊びに行かせたあとに限りません。**お子さんと離れて過ごす時間があったあとはどんなときでも、その時間をどのように過ごしてきたか、お子さんから聞き取ることを習慣にしてください。**

## 行動計画6　「信頼できる」大人の連絡先の共有

子どもは、何か不適切な事態が自分の身に降りかかってきたとき、恐怖や恥ずかしさから、保護者に直接報告しづらいと感じることもあります。あるいは単純に、緊急時に保護者に連絡がつかないこともありえます。こうした場合に備え、お子さんには、３人の「信頼できる」大人の連絡先を伝えておくようにしてください。３人の選定にあたっては、お子さんのために責任を持って行動してくれた実績があるかどうか、今後も同様に対応してくれると確信できるかどうか、を基準にします。くわしくは、第３章を参考にしてください。

この３人にはコードワードも共有しておきましょう。

## 行動計画7　秘密は禁止

どんなに好意的に解釈しようとしたところで、「秘密」が危険であるという事実は動かせません（「秘密」と「サプライズ」の違いは、33頁を参照ください）。

第2章のグルーミングの手口でもお伝えしたとおり、子どもを狙う犯罪者は、ターゲットを絞りこむために「秘密」を使うことがあります。秘密を守る子はコントロールしやすく、被害について口外する可能性も低いと判断するのです。小さな秘密が守られたという確証が得られると、加害者はその子に対し、より大きな秘密を持ちかけてくるようになります。そして徐々に性加害に及び、それも同じように「秘密」にするようにと要求してくるのです。事態がここまで進んでしまうと、罪悪感と恥ずかしさ、恐怖のあまり、子ども自ら「誰にも言えない」と考えてしまうこともあります。

ですから、飴玉を一つもらった程度のほんのささいなことでも、「ママには秘密だよ」「二人だけのちょっとした秘密」、こんな言葉をかけてくる人がいたら、頭の中にレッドフラッグを立て、すぐに保護者に知らせるよう、子どもたちに言いきかせておきましょう。**「ママには秘密だよ」と言われたことは、逆に必ずママに言う。**その習慣を、お子さんに身につけさせてください。

秘密を守らせるために使われそうなフレーズを、子どもと一緒に考えてみるのも有効です。

「きみは特別だよ。このことは二人だけの秘密にしよう」

「このことを秘密にしてくれたら、今度お菓子を持ってきてあげる」

「このことを秘密にしてくれたら、今度お金をあげるよ」

「このことを話したって、誰も信じちゃくれないよ」

「このことを聞いたら、お家の人は怒るだろうね」

「このことを話したりしたら、きみが誘ってきたんだって言ってやるからな」

こんな具合に、いろんな表現を想定しておくと、危険を察知しやすくなるはずです。

「秘密は禁止」を守れる子になってもらうために、さらに二つ、必ずお子さんに教えておいてほしいことがあります。一つは、**「秘密」を持ちかけられたとしても、「秘密」に応じてしまったとしても、その子のせいでは決してない**、ということです。責めを負うのは加害者のみです。「叱られることは絶対にないから、安心して迷わず報告するように」と言いふくめてください。

もう一つは、**伝えるのが遅くなっても、伝えないよりはずっといい**、ということです。誰にも言えないまま長い時間がすぎてしまったとしても、いまさら、ということはありません。どんなに遅くなったとしても、伝えないよりはずっといいのです。

子どもの性被害のうち、周囲が気づくことのできるケースはおよそ3分の1。通報にまで至るケースとなると、その数はさらに少なくなります。研究では、自分が性被害を受けたという事実を誰かに伝えることができるのは、被害児のうち38パーセントと推定されています（London et al., 2005; Ullman, 2007）。そして、伝えることを選んだ被害児のうち40パーセントは、信頼できる大人や専門家といった解決に向けて動ける人物ではなく、親しい友人にその話を打ち明けるとされています（Broman-Fulks et al., 2007）。信頼できる大人に伝えることなく、友人だけに打ち明けた被害は、そこだけの話で終わってしまう可能性があるのです。

## 行動計画8　正しい用語で話す

からだの部位の名称について、正しい用語で話すよう心がけましょう。子どもが、せっかく勇気を出して報告したとしても、俗語（家庭内など限られた範囲でしか通用しない言い方、部位の特定をあいまいにしている言葉）を使って伝えたことで、報告内容を誤解されたり、見過ごされたりするリスクがあるからです。正しい用語については、第7章でくわしくふれています。

八つのメニューをひととおり確認しおえたら、主要なポイントを短くまとめ、「からだの安全を守るためのルール」として冷蔵庫の扉と寝室の壁に貼っておきます。次ページの見本をコピーやダウンロードして使ってもいいですし、お子さんによりわかりやすくアレンジしたものを作成するのもおすすめです。

こうしたルールを目につきやすい場所に貼っておくことで、訪れた人たちに「この家では子どものからだの安全を守ることについてしっかり考えていますよ」とアピールできます。こうしたアピールは、潜在的な犯罪者に対する牽制ともなります。お子さんがターゲットとして狙われる確率を下げることにもつながっていくのです。

*

子どものセーフティネットになるのは、その子が悩んだときに話せる相手、聞き上手で質問上手な信頼できる大人たちの存在です。こうしたセーフティネットが増えれば増えるほど、自分の身に起きたことについて大人に話せる子が多くなり、児童性被害の防止と通報に関する統計にも、よい変化が現れてくるはずです。

## からだの安全を守るためのルール

**1. 自分のからだは自分のもの**

からだを触られることについて、「いやだ」と思ったら、いつでも「いやだ」と言っていい。

**2. プライベートパーツは見せない、触らせない、遊ばせない**

清潔にしてもらうときと診察のとき以外は全部ダメ。

**3. 秘密は禁止**

「いやだ」「怖い」「なんかおかしい」と感じたことは、信頼できる大人に必ず報告する。怒られることは絶対ないし、「遅すぎる」こともない。コードワードが役に立つ!

**4. あなたは悪くない**

「いやだ」「怖い」「なんかおかしい」と感じるとき、あなたは絶対に悪くない。「いいよ」と言ってしまったとしても、あなたは絶対に悪くない。

**5. 正しい用語を使う**

からだの部位を伝えるときは、正しい用語を使う。

https://bit.ly/4ijYwge

# 第5章

# これって、よくあること？
## ――性への興味と性被害のサインの線引き

子どものからだの安全を守ることには、さまざまな要素がかかわっています。子どもの発達、性、性的発達、セクシュアリティについて、何が「一般的」なのかを知っておくことも、大切な要素の一つです。本章では、3歳～小学校低学年の幼い子どもを念頭に、幼稚園教諭としてよく見聞きする事例をベースに解説していきます。

3人の子の母親としても実感がありますが、子どもの行動は千差万別で、「一般的」の範囲がとても広いものです。ですから、「この行動＝性被害を受けている兆候」と、公式のように覚えておくというわけにはいきません。しかし、「一般的」の基準を持っておけば、異変に気づくセンサーは格段に磨かれるはずです。お子さんに、普段とは違う変わった行動が見られたときは、本人と周囲から話を聞き、専門の窓口（221頁）に助けを求めてください。

個々の事例の検討に入る前に、わたしの中での大前提をお伝えしておきたいと思います。わたしは、幼い子どもが「性的な意図」で行動することはなく、その動機はすべて「好奇心」にあると考えています。幼い子たちによく見られる、自分のからだを触るという行動も、「からだのいろいろな部分について知りたい」「触ったときの感覚を探求したい」といった、自然な好奇心によるものだということです。

「好奇心は、自然なものです。幼い子どもは、自分と他者との違いに気づくと、ごく自然な反応として好奇心を発揮し、探索行動に出ます。性や性差に対する自然な好奇心を、正常で健全なものとして親が受け入れることで、子どもの中に性をポジティブなものとして捉えるための土台を築いてあげることができます」

——サンドラ・キャロン（メイン大学・家族社会学教授）

## 保護者からの「よくある相談事例」

**事例1　4歳の息子が、園や家で遊ぶときに、お姫さまの格好をしたがります。**

**「一般的」です。**

普段の自分とは違う装いをすることは、子どもの発達にとって正常なことであり、ほかの子たちと交わってやりとりする「ごっこ遊び」の一環としても楽しいものです。さまざまなかたちで自分を表現し、自分の感情を表に出すことは、自信を育むことにもつながります（Coyne, Rogers, Shawcroft, and Hurst, 2021）。こうした遊びを通して、子どもたちはさまざまな役割を体験し、協力して問題解決にあたることを学びます。男の子がお姫さまのドレスを着たり、女の子がカウボーイの格好をしたりすることが、将来的にその子に悪い影響をもたらすと示した研究結果というのは、少なくともわたしは、これまで一つも目にしたことがありません。

**事例2　うちの幼い娘は、いわゆる「女の子向け」のものに興味を示しません。**

**「一般的」です。**

性別によって遊びや玩具の種類を制限する必要はありません。そうした制限は、子どもたちの可能性を制限することにほかなりません。

女の子が、ドレスに着替えてプリンセスになりきって遊ぶのもすてきなことですし、ミニカー遊びや実験ごっこに夢中になるのもすてきなことです。レゴなどの大手玩具メーカーも、自社の商品から性別にまつわる固定観念を外すことに取り組んでいます。

## 事例3　うちの子には、「女の子になりたい」週と、「男の子になりたい」週があるようです。

**「一般的」です。**

多くの子が一定の性自認を持つようになる一方で、まだはっきりしないという子もいれば、揺らぎを感じる子も出はじめてくるのが、この年頃です。子どもの考えや行動は、きょうだい構成に左右されるケースも珍しくなく、お姉ちゃんがすることなら何でも真似したいという男の子もいますし、お兄ちゃんたちと同じ格好をしたがる女の子もいます。

性別にまつわる好奇心や探究心は、多くの子が持つ「一般的」なものです。このことについては、母親であり、すべての人が自分のからだを愛せる世界を目指すボディイメージ活動家でもある、リンジー・レイ・コーエンさんのメッセージを紹介したいと思います。

わたしはノンバイナリーの子どもの親として、自分自身が何者なのか、悩みながら解き明かそうとしている本人の姿を見てきました。その中で学んだ、極めて重要なことがあります。それは、子どもたちはみんな、その子なりのやり方で、自分が何者であるか、何者になりたいかを決めていくということです。これからの世界は、あの子たちのものです。その世界に、男性的、女性的といった観点での役割分担はありません。何の制限もない、可能性に満ちた世界です。

子どもたちが自分のからだの健康を維持し、成長とともに訪れる変化にもとまどわずにいられるよう、その子の生まれ持ったからだについての生物学的な知識は教えておく必要があります。しかし、子どもたちに性別に関する固定観念を植えつけるというのは、もはや進むべき方向ではないでしょう。

## 事例4 うちの子はトイレが近く、陰部に発疹があります。

### 小児科へ!

頻尿も、プライベートパーツの発疹も、まずは、小児科医に助けを求めてください。一人で用を足しに行けるようになった子は、排泄後の清拭も、一人でおこなっていることが多いかと思います。「陰部の間違った拭き方は、感染症のリスクを高める（正しくは、前から後ろに拭くべきである）。排便後においては、そのリスクはさらに高まる。トイレに行くのを我慢することや便秘なども、尿路感染症につながることがある」というのが、スタンフォード大学小児保健機構（Stanford Children's Health Organization）の見解です。そして皆さんご存知のとおり、こうした感染症というのは、保育園や幼稚園では山火事のようにあっという間に広がってしまうものでもあります。

プライベートパーツの発疹の原因について、衛生上の問題（排泄後のふき方、園や学校内での感染）が見つからない場合は、本人にそれとなく質問してみるのがよいでしょう。プライベートパーツに最近何か変わったことはなかったか、誰かに不適切な触り方をされたりしなかったか、問いつめるのではなく、やんわりと確認してください。

## 事例5　お友達のお家で、「お医者さんごっこ」をして帰ってきました。

**遊び相手が年上だった場合、要注意。**

幼い子どもたちが、お互いのからだに興味を持つのは「一般的」なことです。同じ年頃の子だけが集まり、全員の合意のもと、純粋な興味でおこなわれた単発的な遊びであれば、基本的に問題視する必要はないでしょう。

しかし、同じ遊びでも、年齢差のある子ども（たとえば、12歳の子と幼稚園児など）の間でおこなわれたものであったり、物やお金で釣られた子や参加を強要された子がいたりした場合は、不適切という位置づけになります。「お医者さんごっこ」をより適切な方向へと誘導するために使える手軽な方法は、お子さんと、あるいはその遊びに参加した子どもたちと一緒に、からだの安全を守るためのルールを再確認することです。

加えて、自分で自分のからだを探索したいときは、他人の目がないところでするということ、自分以外のからだについて知りたくなったら、保護者か信頼できる大人に聞くようにするということも教えましょう。何でも聞いていいよ、何でも答えてあげるよ、という姿勢で、子どもたちとの会話に臨んであげてください。

## 事例6 娘が、ズボンに手を入れうつ伏せになり、自慰行為のようなことをしている姿を見てしまいました。

**「一般的」です。**

繰り返しになりますが、このくらいの年頃の子どもというのは、自分のからだに興味津々なものです。お昼寝の時間に、園児たちが自分のプライベートパーツを探索している姿は、わたしも何度も目にしています。

ここで、わたしも頼りにしている性教育に関する包括的な情報を提供するサイト「性教育レスキュー（Sex Ed Rescue）」を運営するキャシー・ハンカソンさんからいただいたメールの一部を紹介したいと思います。子どもの自慰という難しいテーマについて、子どもを持つ親に向けて優しく、わかりやすく説明してくれています。

（子どもたちは、）特定のやり方で自分の性器（またはからだ）にふれると、気持ちのよさが湧き上がってくるということを知っています。そして、その気持ちのよさは、その子が眠りにつくのを助けてくれることもあれば、気分をリラックスさせてくれることも、退屈な気分をまぎらわせてくれることもあります。

こうした自慰は、大人の自慰とは異なるものです。（中略）大人の自慰は、性的快感を得ること自体を目的としておこなわれるのが一般的です。（中略）これに対して、子どもにとっての自慰の目的は、性的快感を「得る」ことよりも、特定のやり方で自分の性器にふれると気持ちがよくなるということを「発見」することにあります。

それ自体は気持ちのよいこと、「一般的」なことなのですから、本人に恥じさせる必要はありません。しかし、そのまま放っておいていいかと言えば、そうとも言えません。それとなく適切な方向へ誘導してあげてください。たとえば、こんな感じです。

親　ちょっと気がついちゃったんだけど、さっきソファにいたとき、ズボンに手を入れてたかな？

子ども　ごめんなさい。

親　ううん、謝らなくていいんだよ。別に悪いことしてないからね。自分のからだは自分のものだもの。でもね、プライベートパーツっていうのは、特別大事なところでしょ？だからね、自分のプライベートパーツを見たり触ったりするときは、プライバシーが守られるところでしてほしいの。

子ども　プライバシーが守られるところって、どういうところ？

親　それはね、お家の中で、一人でいられる場所ってこと。プライバシーが守られるところ、どこか思いつく？

子ども　自分の部屋とか？

親　あたり！　自分のお部屋は、プライバシーが守られる、プライベートな場所だね。

子ども　だけど、どうしてそういう場所でしなくちゃいけないの？

親　それはね、プライベートパーツには特別なルールがあるからなの。（第4章の行動計画4「プライベートパーツの2条件」を伝えてください）

## 事例7 どこで覚えてくるのか、性的に思える動きをしたり、性的な言葉を口にしたりすることがあります。

**要注意！**

性的なしぐさや性的な言葉を伴う行動の変化は、幼い子にはあまり見られるものではありません。YouTubeを楽しんでいて、たまたま性的なシーンのある動画を見てしまったり、何かの拍子にポップアップ広告をクリックして性的なコンテンツのあるサイトに誘導されてしまったりしたのかもしれません。その変化が起きた原因を知るために、お子さんに話を聞く必要があります。

本人に質問するときは、落ち着いて、優しい態度で臨みましょう。質問の内容としては、「そのお歌（その言葉）はどこで習ったの？」「その動きは何の動き？」「その動きはどこで習ってきたの？　映画で見たのかな？」などが考えられます。本人を落ちこませてしまうことのないようにしてください。「（その言葉や動きについて）お話ししたいことはある？　それとも、何か聞きたいことがあるかな？」。そんな言い方もできます。自分が見聞きしたことを、意味もわからず真似するのは、子どもにはよくあることです。

お子さんからの聞き取りの結果、学校や幼稚園・保育園でそうした言動を見聞きしたとわかった場合は、そのことを先生にも共有しましょう。学校や園が対策を検討してくれれば、お子さんはもちろん、ほかの子どもたちにも、それ以上の悪影響を防げるはずです。

## 事例8 うちの子は比較的おとなしいほうだと思っていたのに、ちょっとしたことですぐ手が出るようになりました

### 要注意！

突然いつもと違う行動を見せたり、いつの間にか以前とは違う行動をとるようになっていたり。そうした変化は、その子に何らかの問題が起きているサインかもしれません。

性暴力サバイバーで、作家、活動家のC・アレクサンドリア＝バーナード・トーマスさんは、2023年4月3日のわたしとの電話で、次のようなことを話してくれました（本人の許可を得てここに掲載します）。

幼かったわたしは、家族の友人の一人から性加害を受けたことをきっかけに、問題行動を起こすようになりました。それまでは静かでおとなしかった子どもが、たった一晩で、けんかっ早い子どもに変わってしまったのです。誰にも自分の近くに寄ってきてほしくないと感じるようになってしまいました。

あのとき誰か大人に、「ねえ、最近、何かあった？　気持ちをコントロールするの

が難しくなっているみたいに見えるわ。けんかも増えたし」——そんなふうに聞いてもらえていたら。自分を襲った出来事と感情を整理して、助けを求めることができていたかもしれません。

それがささいなものであっても、大きなものであっても、子どもの行動の変化は、何かが起きているというサインです。あのとき、わたしのサインに気づき、声をかけてくれる大人がいたなら、と思います。安心してすべてを話し、何が起きたかを伝えることができていたなら、と。

## 事例9　いまだに、おしゃぶりに執着します。取ろうとすると強く抵抗します。

**いつものことなら「一般的」です。**

子どもたちは、おしゃぶりや毛布、ぬいぐるみといった、自分に安心感をもたらしてくれる特定のアイテムに過剰な愛着を持つことがあります。

ただ、こうした執着が、突然新たに見られるようになったのであれば、それは懸念すべき事態かもしれません。原因となるストレスが発生していないかどうか、確認してみてください。そのアイテムをずっと持っていたいと感じるのはなぜなのか、本人にも質問してみましょう。たとえばこんな感じで。

**親** 最近、よくおしゃぶりしてる気がするんだけど、どうしちゃったのかな？　教えてくれる？

**子ども** うん。赤ちゃんのときみたいな気持ちになれるから、おしゃぶりが好きなの。

**親** そうだったんだね。赤ちゃんのときって、どんな気持ちだったの？

**子ども** いつも安心で、嫌なことなんて何にもない感じ。

**親** いまは、そういうふうに思えない？

**子ども** 思えない！　思えなくなっちゃった。

**親** どうしてかな？　あなたのこと助けたいんだ。

**子ども** でも、言っちゃダメって言われたの。

**親** あれれ、前にお話したよね。誰かに「言っちゃダメ」とか「秘密だよ」って言われたことは、お父さんとかお母さんとか先生とか、信頼できる大人に言おうねって。

**子ども** うん……。

**親** 絶対に助けるから、大丈夫だよ。

**子ども** あのね、◯◯くんがいじわるするの。プライベートパーツのルールも守らないの。

**親**　そんなことがあったんだ。話してくれてありがとうね。あなたのこと、いつだって信じてるよ。△△先生に相談して、もう嫌な思いをしないで済むようにするからね。

### 事例10　頻繁に激しい癇癪《かんしゃく》を起こします。

**要注意！**

この年代の子どもが頻繁に激しい癇癪《かんしゃく》を起こすというのは「一般的」ではありません。その子の心身の健康に何らかの問題が起きていることを示唆している可能性があります。児童相談所などで、専門的なアドバイスを受けることを検討してください。

＊

ここまで、幼い子どもの性にまつわる気になる事例を見てきましたが、同じ行動や事象であっても、問題になるものと、そうでないものがあります。その違いはどこにあるのでしょうか。この視点から、問題として向き合う必要があるか否かを判断するためのポイントをまとめておきたいと思います。

・回数があまりに多い

他人の目がある場所で毎日のように自慰行為をおこない、その部位に炎症や発赤が見られるほどになってしまった場合。

・適切な方向への誘導に応じない

ほかのことに意識を向けさせるための働きかけをしても、自分のプライベートパーツに触ったり、ほかの子のプライベートパーツに手を伸ばしたりするのをやめない場合。

・卑猥《ひわい》な言葉を口にする／大人の性的行為や性的なしぐさを模倣する

10代の子が使うような性行為関連の言葉、露骨な性的表現、ポルノビデオから聞こえてくるような言葉を口にしたり、性行為を真似た動きをしたりする場合。

・攻撃性を帯びている

ほかの子のプライベートパーツへの接触に際して、力ずくで押さえつけておこなうなどした場合。

・物やお金で釣ったり、脅し言葉を口にする

物やお金で釣ったり、「きみがやったって、言いふらす」などと脅したりして、ほかの子に不適切なことをさせようとしていた場合。

いずれの場合も、批判や指摘を目的にせず、まずは話を聞くという姿勢で会話ができれば、子どもがどこからそうした考えや行動・言葉を取り入れたのかを、知ることができます。お子さんと一緒に、からだの安全を守るためのルールもおさらいしておきましょう。そしてその後は、気がかりな言動が消失したかどうか、注意深く見守ってください。

## 子どもたちからの「よくある質問」

子どもは、次々に質問を繰り出してくるものです。それは微笑《ほほえ》ましいことですが、性にまつわる質問が飛び出してくると、どう答えたらよいか戸惑ってしまうものです。

子どもからそうした質問を受けたときは、その子の年齢に配慮しつつ、ごまかしのない率直な回答をするようにしてください。どう説明していいか困っているなら、それをごま

かさずに伝えましょう。「どう説明していいか難しくて困ってる。わかりやすい説明を調べてから答えてもいい?」

誠実に対応することで、子どもはまた質問しにこようという気持ちになれます。話をはぐらかしたり、「まだ知らなくていいこと」などと取り合わなかったりするのは、家ではこうした話をしないほうがいいのだというメッセージになってしまいます。

また、科学的な答えを返すこと以上に大切なのは、本人がその質問をしてきた真意を探ることです。こうした質問が、性被害の存在を暗に伝えていることもあるからです。

ちなみに、自分がお姉ちゃん、お兄ちゃんになることを知らされた子は、妊娠や出産に強く興味を示すようになります。下の子の妊娠と出産の時期は、女性と男性のからだのしくみ、プライベートパーツの正式名称(第7章で取り上げます)、赤ちゃんがどうやってできるかなどを子どもに教える、絶好のタイミングです。

以下に、わたしが幼稚園で子どもたちから何度も聞かれたことがある質問と、その回答例を挙げてみたいと思います。

## 質問1 赤ちゃんは、どこから来るの?

「子宮」という、からだの部位の正式名称を使って答えましょう。「パパとママが赤ちゃんをつくると、その赤ちゃんがママの子宮の中で大きくなるの。子宮っていうのはね、女の人のからだの一部だよ」といった具合です。**「コウノトリが運んでくる」タイプの答えは避けてください。幼い子どもを混乱させるだけです。**

## 質問2　ぼくにはおちんちんがあるのに、ママにないのはどうして？

「うん、いい質問！　男の子のからだと女の子のからだには、違う部分があるんだよ。この本を読んで、からだのいろんな部分のこと、一緒に勉強してみよう」

人のからだに関する絵本や図鑑がご自宅にない場合は、「からだのいろんな部分のことが勉強できる本、今度一緒に買いに行こう」「図書館に探しに行こう」といった提案をしてあげてください。

## 質問3　ぼくのおちんちん、どうしてたつの？

「おちんちんがたつのは、そろそろおしっこの時間だよってしるしのこともあるかも。触ったことでたつこともあるし、寝ている間にたっていることもある。何もしてないのにたつときもあるよ。ぜんぶ問題なし。おちんちんってそういうものだからね。おちんちんがたつのは自然なことで、小さい子にも、大きい子にも起きることだから、安心してね」

## 質問4　セックスって何？

この質問が来たら、まずはたいていこう返します。「うん、いい質問だね！　ちなみに、どうしてそれについて知りたいのかな？」。その先の答えは子どもの質問意図により変わってきますが、たとえばこんなふうに説明することになります。

「セックスっていうのはね、性別のこと。誰のからだにも、染色体っていう自分のからだの設計図みたいなものがあって、性別についての染色体もある。それで、生まれつきの性別が、男か女か決まるんだ。もっとくわしく知りたいなって思うことがあったら、また聞いてね」

※編注：英語でのセックスは、性別の意味でも多用されるため、右記のような案内になっています。性交の意味で答えたい場合は、こちらを参考にしてください（監修　高橋幸子先生）。

「男の人と女の人が赤ちゃんのもとを半分ずつ持っているんだよ。それがあわさって一つになると赤ちゃんになる。おちんちんを使って赤ちゃんのもとをお腹の中に届けることをセックスと言って、とても大切なことなんだよ」

## 質問5　ＬＧＢＴってどういう意味？

これは、セクシュアリティや性的指向にかかわる問題なので、別の角度から言葉を定義するというかたちで答えるようにしています。「ＬＧＢＴっていうのはね、誰かが幸せだってことを表す言葉の一つだよ」

わたし自身は、家族にはあらゆる形態があっていいと思っています。しかし、園児のご家族の構成や考えにはさまざまなものがあるため、こうした少し遠回しな答え方をすることで、どんなご家庭のお子さんにも対応できるようにしています。

＊

**どんな質問でも受けつけるよ。いつでもおいで。皆さんがそうした姿勢でいることで、子どもたちは答えを求める先として皆さんを信頼するようになるでしょう。**幼い子どもたちに健康で安全な習慣を身につけてもらうためには、本人たちのからだと、からだの各部位の機能について教えることが欠かせません。そしてそれは、ほかでもない皆さん、幼いお子さんを持つ保護者の方々の役目なのです。

# 第6章

# オンラインセーフティ

## 親と子のインターネット使用ルールをつくる

独立調査機関ピューリサーチセンター（Pew Research Center）の調査によれば、米国の5歳から8歳までの子どもの80パーセントがタブレットを利用できる環境にあり、53パーセントはスマートフォンを利用しています。5歳未満の子どもを対象とした統計からは、48パーセントがタブレットを、55パーセントがスマートフォンを利用していることが明らかになりました（Auxier, Anderson, Perrin, and Turner, 2020）。テクノロジーは、学習面でも娯楽面でも多くの利点をもたらしてくれています。一方で、こうしたデバイスにより幼い子どもでも簡単に性的なコンテンツが見られるようになってしまったことは非常に深刻な問題です。

**オンライン安全教育の鍵となるのは、まず大人がオンラインに潜む危険を学ぶこと、そして子どもの気持ちに寄りそいつつ、わかりやすさと一貫性を大切に、協力的な姿勢で子どもたちと会話することです。**子どもたちには、何かトラブルに巻きこまれてしまったとしても頭ごなしに叱られることはないと教えてあげてください。

ありがたいことに、子どもたちのインターネット上での安全を守るために、多くの人たちが懸命に努力してくれています。わたしたち自身が知識をつければつけるほど、子どもたちもより安全になっていくのです。

## 契約書にする

まずは、ご自身のインターネット利用状況を省みてみましょう。どんなソーシャルメディアに参加していますか？　何を、どれぐらい、どのように使っていますか？　セキュリティアプリやセキュリティソフトについては、どんなものを使っているでしょうか？

次に、お子さんのデバイスの利用状況について書き出してみます。園や学校で、どんなデバイスを使っていますか？　自宅ではどうでしょう？　それぞれ、適切な制限はかかっていますか？　まだ自分のスマートフォンを持っていない子どもたちでも、兄や姉、保護者などのスマートフォンを借りればインターネットにアクセスできてしまいますし、実際それはしばしばおこなわれていることです。加えて、ほとんどの子は、園や学校で毎日のようにデバイスにふれています。子どもをデバイスから遠ざけるという対策方法は、いまや現実的なものとは言えなくなっているのです。

保護者にできることは、子どものネット利用状況を細かく把握し、適切に管理していくことです。そのための具体的な方法の一例として、『The Internet: Are Children in Charge? Theory of Digital Supervision』（インターネット：子どもに任せて大丈夫？　ネット利用の監視について／未邦訳）の著者であるシャーリーン・ドーク・ゲバウアーさんが提案しているのが、オンライン上での行動ルールを明確にするために親子で話し合い、「我が家のオンラインセーフティ契約書」をつくることです。次ページのサンプルをダウンロードして、適宜アレンジしてお使いください。書面にしてお互いサインをすることで、重要な約束事という雰囲気を持たせます。

## 我が家のオンラインセーフティ契約書

子ども

- デバイスは、お父さん／お母さんがいるところでしか使いません。
- インターネット上でも、自分のことを大切にします。
- 自分の名前、両親や保護者の名前、住所、居住している町の名前、電話番号、園や学校の名前などは、ネット上の誰にも教えません。
- 自分のからだのプライベートパーツにまつわる写真やビデオは撮りません。
- メッセージ、写真、ビデオは誰にも送りません。送りたいときは、必ずお父さん／お母さんに相談します。
- 誰かから写真やビデオが送られてきたときは、必ず報告します。
- 自分でアプリをダウンロードしません。
- ポップアップ広告はクリックしません。
- 裸の写真や動画が表示されてしまった場合は、すぐに見ないようにして、お父さん／お母さんに報告します。
- ネット上で何か問題があったときは、その相手や内容にかかわらず、お父さん／お母さんに必ず報告します。
- お父さん／お母さんに話しづらい困りごとがあるときは、下に記入した信頼できる大人に助けを求めるようにします。

保護者

- オープンで正直な態度で会話に臨みます。
- どんなことでも話してください。
- 相談にはしっかりと耳を傾け、頭ごなしに叱ることなく助けます。
- 間違いは起こるものだと理解しています。
- 何にせよ、子どもの安全が第一です。

信頼できる大人はこの人です

＿＿＿＿＿＿＿＿＿＿＿＿＿＿＿＿＿＿＿＿＿＿＿＿＿＿＿＿

子どもの署名、署名した日付：＿＿＿＿＿＿＿＿＿＿＿＿＿＿＿＿

親または保護者の署名、署名した日付：＿＿＿＿＿＿＿＿＿＿＿＿

https://bit.ly/4eZ3yMg

## 子どもに承諾を得たいこと

子どものオンライン上での安全を守るためには、以下のようなルールを設けておくことが望まれます。それぞれの項目についてお子さんと話し合い、本人に承諾してもらいましょう。前出の「我が家のオンラインセーフティ契約書」のサンプルも、このルールを落としこんだ内容になっています。

・デバイスは、お父さん／お母さんがいる部屋で使う。別の場所で使うときは、許可を得てから持ち出す
・子どものスマートフォンとタブレットは、夜間はお父さん／お母さんの寝室で管理・充電する
・自分や家族の情報（住んでいる場所、学校、仕事先、予定など）、メッセージ、写真、動画などは、家族以外の誰にも送らない
・プライベートパーツにまつわる写真や動画は、一切撮影しない
・子どものチャット履歴やテキストメッセージ、メール、写真、動画などについて、お

父さん／お母さんは、予告なく確認することがある
（保護者の皆さんへのアドバイス：ゴミ箱や直近の削除履歴など、「本人が消した」ものもチェックするようにしてください）

- 子どもが使うデバイスやアプリに対しては、ペアレンタルコントロールを設定する
- 寝室にはデバイスを持ちこまない
- デバイスやアプリのパスワードは、お父さん／お母さんがすべて把握する
- アプリのダウンロードは、お父さん／お母さんがおこなう
- ポップアップ広告はクリックしない
- たとえ脅迫的なメッセージが送られてきたとしても、オンラインでは決して服を脱がない
- 上記に限らず、困ったことは何でも、お父さん／お母さん、あるいは信頼できる大人に速やかに報告・相談する

（保護者の皆さんへのアドバイス：お子さんには「報告したせいで叱られることは決してない」と理解させておきましょう。そして、実際どんな報告を受けることになったとしても、感情的になることなく、冷静に対処してあげてください）

お子さんが成長するにつれ、こうした制限をかけたままにしておくことは難しくなるでしょう。監視されていることを自分への信頼の欠如と感じるようになったり、監視を受けずに友達と個人的な会話をしたい気持ちが強まったりしますし、友達のデバイスを借りたり、安価なプリペイド式スマートフォンを利用したりすることも十分考えられます。

しかし、我が子のオンラインでの動向を把握しておくことは、子どもの安全を守るために親として果たすべき、大切な務めの一つであるはずです。オンライン利用に関するルールが親子の間でしっかりと固まり、お子さん自身の判断を全面的に信頼できるようになるまでは、工夫して制限をつづけてほしいと思います。お子さんとコミュニケーションをとり、制限の必要性をわかってもらいましょう。叱ったり責めたりするのではなく、愛情を持ってサポートしてあげてください。

子どもというものは、間違いを犯すものです。そんな子どもたちが、感情や願望、長じては性的欲求をも、オンラインで表現することが一般的な時代に生きています。一人でオンラインの世界に飛びこんでしまう前に、自らの安全を確保する力、悪いものを直感的に拒否できる力をつけさせておくことが、非常に重要です。**お子さんが、安心して間違いを犯しながらそうした力を身につけていけるよう、オンラインでの行動も、普段の生活と同じように見守ってあげてください。**

適切なペアレンタルコントロール設定は、お子さんの安全を守る上で非常に重要なものです。しかし、それ以上に重要なことがあります。それは、（これまでも繰り返しお伝えしてきましたが）「からだの安全を守る」ことについて、率直に、正直に、頻繁に話し合える関係性を、お子さんとの間に築いておくことです。皆さんと一緒なら安心できると感じていて、皆さんに愛されサポートされているという実感があり、間違いを犯してしまったとしても頭ごなしに叱られることなく助けてもらえるとわかっているお子さんは、いざ事が起きてしまったときにも、必ず皆さんを頼ってきてくれます。自分では対処しきれない大きな問題に直面してしまったとき、迷わず相談できる人。どんなときも味方でいてくれると、心から信頼できる人。我が子にとってそんな存在でありたいと願っている親は、わたしだけではないはずです。

## インターネットは子ども向けに設計されていない

どれほど備えさせたとしても、積極的にグルーミングを仕掛けてくる犯罪者たちを、幼い子どもが自力であしらえるはずはありません。そこを子ども任せにするのは公正でも現実的でもなく、保護者としての責任を放棄するようなものだと心得ておいてください。子どもを守るためには、わたしたち保護者が自らの情報モラルリテラシーと対応力を高めていくことが必要不可欠なのです。

リスクを認識し、ペアレンタルコントロールの設定、セキュリティアプリの導入、知識のアップデートや、子どもたちとの話し合いといった対策を、保護者の側から積極的におこなってください。この件についてお子さんと話し合うときは、オープンで正直な態度で臨み、力を貸して支えていくという姿勢を前面に出して会話するようにしてください。こうした姿勢で接していれば、いざ助けが必要になったとき、お子さんは迷わず皆さんのもとに来てくれるはずです。

お子さんと話す際に、はじめに伝えておいてほしいのは、「インターネットは子ども向けには設計されていない」ということです。ほんのワンクリックで、子どもにはふさわしくないコンテンツが目に入ってしまうこともあります。怖い思いをする可能性を下げるためにも、インターネットは親子で取り決めたルールをきちんと守って使うと約束させてください。

そして、**特に具体的に話し合ってほしいのは、ネット上に写真をアップしたり、送信したりすることについてです。**お子さんが誰かに頼まれて自分の写真を送ったりしてはいないか、定期的に確認するようにしてください。オンラインで写真を共有することの危険性については、いくら強調してもしすぎるということはありません。一方で、もしもお子さんが誰かに自分の写真を送ってしまっていて、たとえそれがヌード写真だったとしても、その子を責めたり叱ったりはしないであげてほしいと思います。責任はすべて、子どものヌード写真を手に入れた犯人の側にあるからです。

そのような画像を入手した時点で、その人物は児童ポルノ禁止法違反行為の一つ、児童ポルノ所持の罪に問われることになります。性的に露骨なメッセージや画像を送りつける／送るように仕向ける「セクスティング」も、その対象が未成年であった場合、法的に児童性的虐待として分類されます。

いずれにしても、どんな場合も、信頼できる大人に安心して報告してほしいと落ち着いたトーンで言いそえてください。できればすぐに報告してほしいですが、「伝えるのが遅くなっても、伝えないよりはずっといい」（第4章　からだの安全を守るための行動計画7を振り返ってください！）です。

こうした会話は、ときに子どもの命を救うことさえある、とても重要なものなのです。

## ソーシャルメディアに写真を投稿することの危険性

わたしにも、わかるんです。我が子のかわいらしさを世界に共有したいと思ってしまう気持ち。かわいいから。おもしろいから。きっと皆さんそんな気持ちで投稿するのだと思います。でも、それはひどく危険なことでもあるのです。いったん投稿された写真は永久にデジタル空間に残り、その操作を取り消すことはできません。そうした写真を小児性愛者たちがどのように扱っているかを知ったなら、気分が悪くなるはずです。自分の子どもの写真を投稿しようなどとは、二度と思わなくなるでしょう。

写真の扱いについては、次のことを守ってください。

- 裸、あるいは半裸の写真は投稿しない
- 子どもの顔がわかる写真は投稿しない
- 園名や校名の入った制服やユニフォームを着ている写真、位置情報つきの写真など、個人の特定につながる危険性がある写真は投稿しない
- 家族や友人たちにも、これらのルールを守るようお願いしておく

- 何らかの事情でやむを得ず子どもの写真を投稿する場合も、ハッシュタグ（特に、「#はだかんぼう」や「#トイレトレーニング」など、子どもの肌が露出している状態にあることを示す文言が含まれるもの）は絶対に使用しない
- 離れて住む家族や親族に子どもの写真を見せたいときは、限定したメンバーだけと写真を共有できるアプリやサービスを利用する

**ハッシュタグをつけた写真は、小児性愛者にとっても見つけやすいものとなってしまいます。**子どもを狙う性犯罪者を法的に取り締まるための支援活動をおこなう非営利組織「子どもレスキュー連合（Child Rescue Coalition：CRC）」は、２０２３年、公式サイト上で次のように警告しています。「米国の親の多くは、我が子が5歳になるまでに、本人の写真を１５００枚ほど各種ＳＮＳに投稿しています。どれもかわいらしく、何の問題もないように思える写真です。『いいね！』もたくさんもらえます。しかしこれは、本来ならば不特定多数とは共有したくないようなプライベートな瞬間を大勢の目にさらすことでもあり、小児性愛者や性犯罪者の目に我が子を留まらせることにもなりかねない行為です。彼らがターゲットとなる子どもを探すためにハッシュタグを活用しているという事実を知らずに、我が子の写真にハッシュタグをつけてしまう親も少なくありません」

子どもレスキュー連合の公式サイトでは、避けるべきハッシュタグのリストが提供されています。ご参照ください（英語版のみ）。
https://childrescuecoalition.org/educations/avoid-these-predator-attracting-hashtags-to-keep-your-kids-safe-online/

## セクストーション

インターネット上に写真を公開することで生じるリスクとして、知っておきたいのが「セクストーション」です。セクストーションとは、相手の性的な写真あるいは動画を持っていると偽り、あるいは実際に持っており、犯罪者の要求を飲まなければ、その写真あるいは動画を「ばらまく」「さらす」と脅迫するサイバー犯罪です。要求内容は、さらなる写真や動画であることもあれば、金銭やギフトカードであることもあります。

「そんなもの、撮ってないから大丈夫」と思ったなら、それは間違いです。脅迫材料として使われるのは、実際に撮影された写真や動画とは限らないからです。いまや誰でも簡単に、ディープフェイク生成ソフトを手に入れられるようになりました。子どもの顔に別の人物のからだを合成して不適切な画像を作成するのも、たやすいことなのです。こうしてつくられた偽の写真や動画が脅迫に使われるケースは、決して珍しいものではありません。

こうした性的脅迫は世界各国で増加しており、米国でも連邦捜査局（Federal Bureau of Investigation：FBI）と全国性的搾取防止センター（The National Center on Sexual Exploitation：NCOSE）が警鐘を鳴らしています。

セクストーションの被害者は、子どもの写真をネタに金銭を要求される保護者であることもあれば、自撮り画像をネタにさらなる画像を要求されるティーンであることもあります。被害者像にはさまざまなものがありますが、共通するのは、恥や恐怖を感じて混乱に陥り、犯人の言うがままに要求を飲みつづけるという悪循環にはまりやすいという点です。こうした状況に陥らないためには、できるだけ早い段階で、誰かに助けを求めるしかありません。助けを求める判断ができるには、本章ですでにお伝えしたとおり、大人が知識を身につけておき、家族でオンラインセーフティについて率直に話し合う経験を積んでおく必要があるのです。

## メッセージアプリやＳＮＳの約束

お子さんにスマートフォンを持たせると決めたとき。パソコンなどのデバイスを使わせると決めたとき。子どもの安全を守るためには、関連するアプリやテクノロジーについての最新の状況を、ざっくりとでも把握しておく必要があります。

インターネットを安全に使うための設定は日々更新され、新しいアプリも次々と出てきますから、ここで個々のアプリやセキュリティ設定の紹介はしません。

代わりに、どのアプリやＳＮＳにもほぼ共通する注意点を紹介します。次の４点を守って楽しむよう、お子さんにも十分言い含めましょう。

- 「一定時間で消える」機能は、「消えない」ものと思って使う（スクリーンショットで保存される危険性がある）
- アカウントは非公開設定とする
- 位置情報利用はオフにした状態で使用する
- 友達申請やフォロー申請は、実際の知り合いだと確認できた相手のみ許可する

## オンラインゲームの危険性

注意しなければならないのは、メッセージアプリやSNSだけではありません。子どもたちの安全をおびやかす危険性は、家庭用ゲーム機などからアクセスできるゲーミングプラットフォームにもひそんでいます。プレイヤー同士のチャット機能があるゲーミングプラットフォームでは、見知らぬ人物とも直接メッセージのやりとりができてしまうのです。

具体例として、世界的に人気のあるゲームプラットフォームの一つであるロブロックス（Roblox）を取り上げてみたいと思います。ロブロックスでは、ユーザーは自分のアバターとなるキャラクターを選んで仮想世界に入り、その世界を探検したり、さまざまなゲームをプレイしたり、周囲の環境を自分好みに整えたりします。大きな特徴となっているのが、ユーザーが自らゲームをつくって公開できる機能です。このため、ロブロックスの世界には、ユーザーによって作成されたゲームが無数に存在しています。お子さんに使わせる前にすべての内容を確認しておきたいと思っても、まず不可能でしょう。そしてその中には、子どもにとってはまったく不適切なゲームも含まれています。ヌード、性的行為、レイプシーンなどを題材としたものすらあるのです。ロブロックスには、他の多くのゲームやアプリと同様、ユーザー同士がメッセージをやりとりするための機能も用意されています。友達からも、見知らぬ人物からも、直接メッセージを受け取ることができてしまうというわけです。メッセージだけでなく、購入したギフトや仮想通貨をほかのユーザーに送ることもできるようになっており、これがグルーミング手段として利用されることもあります。

お子さんにこうしたプラットフォームの使用を許可する際は、メッセージ相手やその内容についての監視を怠らないようにしましょう。ペアレンタルコントロールで強めの制限をかけることも検討してみてください。

詳細はプラットフォームにより異なりますが、ほとんどのプラットフォームでは、オンラインチャットやメッセージをブロックする設定にしておくこともできるようになっています。

*

本章の内容は、皆さんをすっかり怖がらせてしまうものだったかもしれません。実は、わたしも怖いです！　でも、よいお知らせもあります。現状と対策を知ったことで、皆さんはリスクに先んじることができるようになりました。子どもに害がおよぶのを、前もって防ぐことができるようになったのです。

子どもたちに対しては、怖がらせるのではなく、備えさせるというスタンスで行きましょう。そしてここから、さらに具体的に備えを進めていきましょう！

# 第7章

# 正しい用語で話す

## ──「からだの安全の守り方」の伝え方①

### 子どもにどこまで伝えるか

さあ、6章まで終わりました。ここまで、子どもの性被害について、いろいろな知識を得たことで、圧倒されるような気持ちになってしまった方もおられるかもしれません。直前のオンラインに関する章も、なかなか不安が募る内容だったと思います。

本章以降には、ここまでの間に積みあがった不安を克服していけるような、たくさんのツールと戦略を用意しました。プライベートパーツにまつわる名称を学ぶこと、感情を自覚すること、「同意」を身につけること、コミュニケーション能力を向上させること――どれも、子どもを狙う犯罪者とのパワーバランスを変えていけるスキルです。

本題に入る前に、この本が主に対象としている年齢層（3歳～小学校低学年）の子どもたちへどこまで教えるべきか、わたしの考えを示しておきたいと思います。

**幼児教育では、性の多様性や性的発達の具体的な内容よりも、性被害の防止の下地づくりに力点を置きたいです。**この「下地づくり」は、直前に記した「犯罪者とのパワーバランスを変えていけるスキル」として挙げた項目、すなわち、本章以降で取り上げていく内容と重なります。この内容は、米国でも広く学校カリキュラムに取り入れられており、多くの州では必修ともなっています。

このほか、保護者としては、ジェンダー（性別）、ジェンダーアイデンティティ（性自認）、ジェンダーエクスプレッション（性表現）についても、ひととおり頭に入れておきたいところです。こうした内容は、下地づくりの段階で積極的に扱う対象ではありませんが、お子さんの側から関連する話題が出てきた場合には、戸惑うことなく対応してあげてほしいからです。子どもはみんな、愛され、支えられ、受け入れられることを必要としています。常にこのことを心に置いて、お子さんと接するようにしてください。

性や性的発達について子どもと話すことに抵抗を覚える方がいるのは、じゅうぶん理解できます。こうした話題が古い記憶を揺さぶることは少なくなく、感情的なトラウマを抱えていると、そのテーマについて話すことを恐れてしまうのです。子どもと性にまつわる話をすることに関して、ご自身が周囲より後れをとっているように感じられても、そのことで自分を責めたりはしないでください。学ぶのに遅すぎるということはありません。

## 正しい用語で話すべき理由

多くの大人は、プライベートパーツについて、さまざまなおかしな呼び名を使っています。皆さんにも、きっと心当たりがあるはずです。ここで少し時間をとって、皆さんがこれまでに耳にしてきた、プライベートパーツに関する呼び名や俗語を書き出してみてください。自分がそれをどこで聞いたのか、どうやって学んだのかについても振り返ってみてほしいと思います。

プライベートパーツを正しい用語で呼ぶことに対しては、大半の大人が多少なりとも違和感を覚えるものだと思います。しかし、この違和感は、乗り越えなければならないものです。正しい用語を知り、使っていくことができれば、子どもたちを守るにあたって、さおおむね医学用語を指しています。厳密に医学的名称ということではなく、診察の際にお医者さんが使うさまざまな面で大きな助けになるからです。ここで言う「正しい用語」とは、おおむね医学用語を指しています。厳密に医学的名称ということではなく、診察の際にお医者さんが使う言葉というイメージで捉えてください。

わたしには、「正しい用語を教える」ことに注目するようになったきっかけがあります。幼稚園で働きはじめてまだ1週目の、ある日のことでした。一人の小さな女の子がわたしのシャツを引っ張って、「キングせんせい、パパがわたしのクッキーをとっちゃったの」と言いました。わたしは、こう返しました。「そうなの、残念だったね。でも、クッキーはみんなで分けっこして食べてもいいよね」。それだけ言って次の仕事へ、クラスのほかの子に絵本を選ぶ手伝いへと移りました。その後、この会話について考えることはありませんでした。

次の日、その子がまた、わたしのシャツを引っ張りました。そして、こう言ったのです。「キングせんせい、パパがわたしのクッキーをとっちゃったの。それで……いたいの」。そこでようやく、この子は何かとてもひどいことについて話しているのかもしれないと胸騒ぎがしました。「クッキー」がどこにあるのかを教えてくれるよう頼むと、その子は自分の下腹部を指さしました。わたしはその子を抱きしめて、話してくれてありがとうと言いました。話してくれた勇気を褒め、わたしが助けるからね、と伝えました。そして、スクールナース（養護教諭）に連絡しました。

この出来事は、わたしにとっていまも消えない苦い記憶です。この経験を通して、からだの各部位の正しい名称を知り、大人も子どもも普段からその言い方を使うようにすることの重要性を痛感したのです。もしもあの女の子が、「クッキー」ではなく「おまた」*と言ってくれていたなら、最初に打ち明けてくれたときに、事態の深刻さにすぐに気づいてあげられたはずだったのです。

正しい用語を使うことで期待できる効果は、ほかにも多くあります。このあと7つの利点に分けて見ていきたいと思います。手始めに知っておきたい「はじめての正しい用語リスト」も用意しました。お子さんと「正しい用語」について話すきっかけとしてご利用ください。

*編注：原文では、正しい用語として「ヴァギナ」を推奨しています。日本において「ヴァギナ」を口語表現で使う違和感が大きすぎること、さらに、「おまた」は医学用語ではないものの一般名称として共通理解があることから、本書では「正しい用語」に準じる扱いとしています。「ペニス」も同様の考えに則り、「おちんちん」を「正しい用語」に準じる扱いとしています。

## 利点1　事態の理解、事案の報告がスムーズになる

わたしの経験のとおり、俗語の使用は通報の遅れにつながるリスクがあります。そして、正しい用語を使って大人に伝えることができれば、報告内容が明確になり、誤解されたり、見過ごされたりすることもなくなります。

## 利点2　子どもを狙う犯罪者に対して牽制《けんせい》になる

犯罪者が探しているのは、落としやすいターゲット、扱いやすい被害者です。プライベートパーツの名称を口にできる子は、落としにくいターゲットです。からだの安全を守ることを学んでいることがうかがえるからです。

## 利点3　その部位が恥ずかしいものではなくなる

プライベートパーツに対して俗語だけを使っていると、その部位は恥ずかしいもの、あるいは恥ずべきもので、遠回しに話さなければならない、という印象を与えてしまいます。「ヴァギナ」も「ペニス」もからだの各部位の名称の一つです。これらの名称も、からだのほかの部位を示す言葉と同じように口にできるようになっていきたいのです。

気まずさは、わたしたち大人のその言葉に対する印象や固定観念からきています。から

だに対してフラットな態度を取れるようにしておけば、子どもたちが将来さまざまな発達段階に達していく中で、性、性自認、避妊について学ぶ必要が出てきたときにも、スムーズに事が進んでいくはずです。**プライベートパーツだけ特別なルールがあるのは、ほかと比べて恥ずかしい部位だからではありません。敏感で傷つきやすい部位だから、特に注意して守る必要があるというだけのことなのです。**

## 利点4 自分のからだを尊重できるようになる

わたしたちみんながプライベートパーツについて話すことを受け入れ、そうした話題を自然に口にできれば、それらの部位が恥の感情や否定的な思いと結びつく余地はなくなります。それはつまり、子どもたちが自分のからだを大切に思い、尊重できるようになるということです。正しい用語を使うことはその最初の一歩です。ここからさらに「同意」や「からだの境界線」に関するルールを学んでいくことで、自分のからだを守れる子、ひいては、ほかの子が助けを必要としているときに声を上げられる子になっていくのです。

## 利点5 子どもが助けを求めやすくなる

プライベートパーツについて、正しい用語で率直かつ正直に話すことが自然な習慣として身についている子は、何か問題が起こったときも、安心してそのことを口にできます。助けが必要になったら一番に頼ってほしいし、困ったときに頭に浮かぶ言葉は「お父さん／お母さんに死ぬほど叱られる！」ではなく「ああ！　大変だ！　お父さん／お母さんに伝えなきゃ！」であってほしい。子を持つ親なら、きっと誰もがそう願っているはずです。正しい用語を使うことは、この願いをかなえる後押しにもなるのです。

## 利点6　異性についての学びが促される

子どもたちが好奇心にあふれているとき、この効果はいっそう高まります。女の子が男の子のからだの部位について知りたいと思うことには、何の問題もありません。逆もまた然りです。異性のからだについて、こうした知識をつけることは、「からだの境界線」とそれにまつわるルールに対する認識を深めることにもなります。

## 利点7　性教育の移行がスムーズになる

早いうちから正しい用語に親しんでおくと、本格的な性教育（性行為そのものや生殖のしくみ、性的関係、性の多様性など）に入ったときの会話に役立ちます。ここで土台をつくっておけば、子どもが10歳前後になってから成人するまでの多感な時期にも、構えず自然に話し合うことができるはずです。

## はじめての正しい用語リスト

プライベートパーツと、各パーツに含まれる部位の名称をまとめました。部位は、早めに知っておきたい名称に留めています。

口
・くちびる
・舌

胸
・乳房
・乳首

性器
・外陰部（ヴァルヴァ）
・大陰唇
・腟（ヴァギナ）
・尿道口

お尻
・肛門

・陰茎（ペニス）
・陰嚢

## 障害のある子どもと性教育

障害のある子どもたち――中でも、自閉スペクトラム症やダウン症といった精神障害あるいは知的障害がある子どもたちは、性被害のリスクが高いと言われています（Jones et al., 2012）。これにはさまざまな理由があり、支援サービスとの連携、言葉によらない安全計画など検討すべき点も多々あるのですが、ここではそこまでふれません。わたしの経験から言えることは、障害があっても「からだの安全の守り方」を教えてほしいということです。

かつて、わたしが担任をしていた園児の母親から、からだの安全の守り方に関する授業はうちの子には受けさせないことにする、との申し出を受けたことがありました。うちの子は自閉症で、正しい用語や同意などの理解は難しいので、そもそも知る必要がない、というのがその理由でした。

わたしは丁重に反論せざるを得ませんでした。わたしの甥は自閉症ですが、善悪の判断はもちろん、ルールを学ぶこともできます。ルールがあると物事が明確になるので、実際のところ、甥はルールが大好きなのです。

からだの安全を守るためのルールを一度にまとめて覚えるのは難しいという子でも、ルールを細分化して一度に一つずつ教え、追加の実践練習を加えるといった工夫をしてあげれば、少しずつ覚えていくことができるかもしれません。視覚的な教材を使うこと、安全対策を繰り返し確認すること、からだの安全を守ることに関する歌を歌うことなどが役立つ場合もあります。その子に合った方法を探して、根気よく教えてあげてください。

## 「正しい用語」に抵抗がある方へ

この章を読んだ皆さんが、正しい用語を学んで子どもたちに教えること、その用語を日常から使っていくことに前向きに取り組もうという気持ちになってくださっていたら、こんなにうれしいことはありません。

一方で、この章の内容に、なんとなく落ち着かない気持ち、うっすらとした不快感を覚えた方もいることと思います。その場合、まずはその感情を認めてあげてください。不快だと思ってもいいんです。でも、その不快感を抱えこんだままにはしないでください。自分の中に生じたその感情を観察し、誰かに話してみてください。わたしたちの多くが、つらい思いは自分の中に抑えこむべきもので、誰かに話すものではないと教えられてきました。つらい思いは、しないに越したことはありません。でも、そうした思いを抱えることになってしまったなら、それは表に出して誰かに伝えなければなりません。これは、からだの安全を守る上でも、絶対に欠かせないことなのです。次の章では、このことをテーマとして扱います。

＊

少し休憩を挟みましょう。ご自身の感情を受け止める準備が整ったと思えたら、次の章に進んでください。

# 第8章

# 自分の感情を言葉にする

## ――「からだの安全の守り方」の伝え方②

### 自尊心とのつながり

性犯罪の加害者には、その罪を被害者になすりつけようとする傾向があり、中には加害者の思惑どおりに「自分のせいだ」と思いこんでしまう被害者もいます。第2章のグルーミングの手口で確認したとおり、被害者が子どものケースでも同じ現象が見られることがあります。

このとき大きくかかわってくるのが、本人の自尊心です。**性被害が起きた原因が自分に**

**あると思うよう加害者たちに仕向けられたとき、自尊心の低い子ほど、それを信じてしまいやすいということがわかっています**（Mutavi et al., 2018）。

このことは、子どもたちの自尊心を高めることに注力すべきであると、わたしたち大人に強く訴えてきます。自尊心を高めるには、自分の感情を認識する力、その感情を自信を持ってはっきりと表現する力を養うことが重要です。本章では、この二つの力を伸ばしていくのに効果的な取り組みをいくつか紹介したいと思います。

## 効果的な取り組み

### 取り組み1　赤い旗と緑の旗

一番シンプルな感情の識別のレッスンです。

危険を感じるときは「レッドフラッグ（赤い旗）」、安全だと感じているときは「グリーンフラッグ（緑の旗）」（第3章の「信頼できる」大人の見つけ方でも出てきました）を頭の中であげます。小さな旗をつくったり、絵に描いたりするなどして、赤と緑の旗を目に見える形で示しながら教えてあげると、幼い子でもスムーズに理解できるはずです。

## 取り組み2　感情語彙《ごい》を広げる会話

感情の特定に使える語彙《ごい》を広げる手助けは、保護者が子どものためにいますぐにでも始められることです。第4章の行動計画5「子どもヒアリング」（84〜86頁）でもお伝えしたとおり、子どもへの問いかけを「どうだった？」にしてしまうと、子どもからの答えも一言で終わってしまいがちです。「今日、学校どうだった？」「大丈夫だった」といった具合です。語彙《ごい》を広げるためには、次のような自由回答形式の質問が有効です。

**質問例**

- 今日はどんな○○なことがあったか聞かせてくれる？
- 今日は何が○○だった？
- 「今日○○なことはあった？」（「あった」という返事なら）「そのこと、くわしく聞きたいな。どんなときにそう感じたの？」

○○には、感情を表す言葉を入れてください。うれしい、かなしい、緊張した、不安だった……といった言い方でもいいですし、ワクワクした、イライラした……といったオノマトペを使った表現でも構いません。

お子さんが質問に答えてくれたら、「その気持ちは、からだのどこにある感じがする？」とつづけてみたり、ほかに使える言葉を提案してみたりして、感情の認識と表現を広げていきましょう。

たとえば「緊張してお腹のあたりがやな感じだった」と教えてくれたら、こんな感じです。

「同じ気持ち、感じることがあるよ。お父さん／お母さんは、お腹の中でちょうちょがパタパタしてるみたいって思うかな。その気持ちのこと、大人は『不安』って呼ぶこともあるよ。お父さん／お母さんも子どものころは、学校に行くとよく『不安』になってたんだ。だってね、同じクラスに意地悪な子がいたんだもの」

## 取り組み3　コミュニケーションジャーナル

お子さんと一緒に日記をつける習慣を、毎日の生活に取り入れてみてください。日記といっても、その日の出来事を書くことにこだわらなくて大丈夫です。子ども向けの日記帳に、お子さんと一緒に文を書いたり、絵を描いたりしましょう。次のような言葉かけをすることで、お子さんにペンを取るよう促すことができます。

**質問例**

- 今日一番よかったことを絵に描いてみて。描き終わったら、その絵にぴったりな気持ちを表す言葉にはどんなものがあるか、一緒に考えてみようね
- 今日一番嫌だったことを絵に描いてみて。描き終わったら、その絵にぴったりな気持ちを表す言葉にはどんなものがあるか、一緒に考えてみようね
- 今日起きた問題を絵に描いてみて。描き終わったら、どうやってその問題を解決したのか教えてね
- いやだなって思う気持ちを、絵にしてみて。描き終わったら、どんなことがあるとその気持ちになっちゃうのか教えてね
- 何があったら、元気になれる？　どんなときなら、がんばれる？
- 誰かにいやな気持ちにさせられたら、どうする？
- うれしい気持ちになるようなことを誰かがしてくれたら、どうする？
- 今日、誰かに助けてもらった？　助けてもらったとしたら、そのときどんな気持ちがした？
- 今日、誰かに何か分けてもらった？　分けてもらったとしたら、そのときどんな気持ちがした？

- 今日、叱られた子や、困ったことになった子はいた？　いたとしたら、その子たちは何をしちゃったのかな？

**取り組み4　感情チャート**

これは、米国の一般的な幼稚園（kindergarten）でよくおこなわれている取り組みです。「かなしい」「ふつう」「たのしい」という三つの選択肢が書かれた「感情チャート」の紙と、クリップを一つ用意します。子どもは、いずれかの選択肢にクリップを挟むことで、いまの気持ちを伝えることができます。

わたしの勤務する園では、園児それぞれに椅子と机が用意されており、登園したらまずは、自席で感情チャートのクリップを動かすことになっています。その日の気持ちを自分で確かめ、先生の目にも見えるようにしておくための工夫です。

お子さん本人が自分の気持ちを確認し、保護者の皆さんがお子さんの気持ちを把握するための手段として、ご家庭でも活用できると思います。

**取り組み5　褒め合いの輪**

これも、幼稚園でおこなっていることですが、家族やきょうだい、友達などと一緒に、ご家庭でもできる取り組みです。その場にいる大人のうち、誰か一人が見守り役となり、残りは全員、輪になって座ります。そして、一人ずつ順番に、輪の中の誰かに対する褒め言葉を言っていきます。「シャノンはひとりじめをしないよい子です」「エミリーは日記を書くのを手伝ってくれる優しい子です」といった感じです。見守り役以外がみんな発言し終わったら、見守り役が全員を褒めます。園では、見守り役が褒めるときに「えらかったで賞」（表彰状や賞品）を渡すこともあります。わたしのクラスの子どもたちはこの「褒め合いの輪」が大好きです。始まった途端に、輪のあちこちから、褒め言葉が次々と聞こえてきます。

## 感情について学ぶためのおすすめ本　6選

親子で読めるおすすめの本を紹介します。本章で紹介した取り組みとあわせて参考になさってください。一度きりの問いかけや読み聞かせで、魔法のように自尊心が高まるということはありません。でも、日々つづけていくうちに、子どもたちは自分の気持ちを明確に表現できるようになり、自分のために声を上げるべきタイミングもわかるようになるのです。

『ぼくのきもちはね』
コリ・ドーフェルド 作　石津ちひろ 訳　光村教育図書
どなたにもおすすめしたい、すばらしい本です。子どもでも楽しみながら理解できる物語形式で、傾聴の大切さを美しく伝えています。

『The Black Cloud Blues』（黒雲のブルース／未邦訳）
Christine a Emery 作　Kellie R Emery 絵　Koehler Kids
不安やうつ状態という概念を子どもたちに穏やかに紹介し、悩んだときには外部に助けを求めることが解決へのよい糸口になると教えてくれる本です。

『The Boy with Big, Big Feelings』（感情豊かな男の子／未邦訳）
Britney Winn Lee 作　Jacob Souva 絵　Beaming Books
子どもの心に去来するさまざまな感情を捉えた、すばらしい作品です！　それも、男の子が出てくるんです！　男だというだけで、「泣くな」とか「強くなれ」といった言葉をかけられがちな男の子たち。そんな男の子を主人公にし、その子の感情に焦点を当てているところが、とてもすてきだと感じます。

『トリクシーのくたくたうさぎ』
モー・ウィレムズ作　中川ひろたか訳　ヴィレッジブックス

不慣れな父親が家事や子育てを引き受けることになった1日を描いた物語の中で、個人的にもっともおもしろいと思っている作品です。パニック、失望、不安といった感情に翻弄されたあと、行方不明になっていたお気に入りのぬいぐるみが見つかるという救いの瞬間が訪れ、物語は大団円を迎えます。

『In My Heart: A Book of Feelings』（こころの中：感情についての本／未邦訳）
Jo Witek作　Christine Roussey絵　Harry N. Abrams

見開きごとにハートが型抜きされていて、そのハートがページが進むにつれ小さくなっていくという、とてもすてきなしかけが施されています。美しい絵本であり、すばらしい教材です。さまざまな感情が、端的に、偽りなく説明されています。一人で読むこともできますが、みんなで集まって読み、感情について話し合うきっかけとすれば、いっそうの効果が期待できると思います。

『タンタンタンゴはパパふたり』
ジャスティン・リチャードソン、ピーター・パーネル作　ヘンリー・コール絵　尾辻かな子、前田和男訳　ポット出版
ニューヨークのセントラル・パーク動物園での実話を元にした、オス同士のペンギンカップルの物語です。周りとの違いから生じるさまざまな気持ち、命の誕生の尊さとあたたかさについて考えるのにぴったりな作品です。

# 第9章

## 同意について

### ――「からだの安全の守り方」の伝え方③

### 「同意」は性的な活動に限らない

「同意」は、最近の流行語であると同時に、論争の種ともなっている言葉です。多くの大人が、この言葉は性行為に関するもので、性的な活動に対して拒否または同意の意思を示す能力を指しているのだと思いこんでいます。しかし、「同意」の核にあるのは、子どもたちの多くが家庭や幼稚園で身につける習慣です。そうなんです。落ち着いて聞いてください。皆さんも、おそらくすでに、知らないうちに、お子さんたちに「同意」について教えはじめているのです。

同意についての教育は、誰もがお互いにルールを守り、からだの境界線（自分のからだは自分のもの）を尊重し合うべきであるという考えが出発点になります。つまり、**幼い子どもたちに「同意」を教える際に、性行為や性的な活動についての話を出す必要はありません。**そもそも、子どもには性的行為に対する同意能力がないので、その点にふれる必要がないのです。

それでも幼いころから「同意」について教えるのは、お互いの安全を保ちつつ仲良く過ごしていくためには、ルールを守り境界線を尊重するのが大切だということを学んでほしいからです。その学びはやがて、性被害から身を守る力につながっていきます。「同意」に関する子どもとの対話は、その子の生涯にわたって意味を持ちつづけることになります。

現時点で、幼い子に対して「同意」という言葉を使うことに抵抗があるなら、別の言葉に置きかえても問題ありません。簡潔な言葉を、一貫性を持って使えれば、それで十分です。たとえば、「許可」はどうでしょう。そしてのちに、親子双方の準備が整ったと感じるときが来たら、「許可」に加えて「同意」という言葉も使いはじめてみてください。

## からだの境界線＝シャボン玉の中のわたし

わたしが幼稚園で子どもたちに「同意」について教えるときは、自分のからだが大きなシャボン玉に包まれている様子を想像してもらうところから始めます。そして**「お互いのからだを包むシャボン玉を大切にしましょう」**と伝えます。シャボン玉の中は、その子だけの個人的な空間です。相手のからだを触るには、その子のシャボン玉に入れてもらわなくてはいけません。だから、「いいですか？」と聞かなくてはいけないのです。

**同意なく触ろうとするのは、シャボン玉を割ろうとする行為です。シャボン玉が割られてしまったら、それはレッドフラッグだということです。**

親子のふれ合いでも、友達との遊びの中でも、簡単に見つけることができます。具体的な例で考えてみましょう。

たとえば、くすぐり遊び。最初は楽しくじゃれ合っていても、くすぐられた子が「やめて！」と言ったら、それは「同意しない」という意思表示です。相手はシャボン玉の外に出されます。それでもくすぐりつづけようとしたら、シャボン玉が割れます。

たとえば、お子さんが、年上のいとこたちとレスリングをして遊んでいたとしましょう。最初は楽しくじゃれ合っていても、からだに触られることが不快に思えたり、その遊びの乱暴さが嫌になってきたりしたら、お子さんはいつでも「やめて」あるいは「もうやりたくない」と言うことができます。その意思を示した時点で、相手はシャボン玉の外に出されています。いとこたちはすぐに息子さんから手を離さなければなりません。そうでなければ、シャボン玉が割れます。

## プライベートパーツと「同意」

子どものプライベートパーツにかかわることについては、それが何であれ、子どもだけで同意することはできません。本人の同意に加え、保護者の同意が必要です。子どもの病院受診は、それを示す重要な例の一つです。お子さんを医者に診せるとき、思い出してほしいことがあります。グルーミングの手口「二人きりの状況をつくる」です（34～35頁）。多くの親は、医師という権威ある立場にある相手を、盲目的に信じてしまいがちです。しかし、親からの信頼のもと、子どもと二人きりの状態で子どもに接触できる機会を持つこともできるこの立場は、加害者が職業として選ぶにも魅力的なものなのです。

子どもの年齢を問わず、保護者は、診察室に同席するようにしましょう。

医師は症状を確認するためにプライベートパーツを診察することもあること、しかし、それは保護者が同じ部屋にいてその診察に同意し、その子自身も了承したときに限られるということを、子どもたちに説明することができます。たとえ医師でも、プライベートパーツにかかわることは親の同意を得なければならないと、お子さんに示すチャンスです。

## 「いやだ」を言える・受けとめる

「同意」について理解を深めていくには、子どもたちが自分の感情を認識できるようにし、嫌なときにはきっぱり「いやだ」と言えるよう教えておくことが不可欠になります。わたしが好きなのは、子どもが「いやだ」と伝えるときに使えるさまざまな言い方を、本人たちと一緒に考えてみることです。あわせて「いいよ」のさまざまな言い方を考えてみるのもいいですね。このとき、「いやだ」を伝えられたらどう受けとめるべきかも教えましょう。「そうかな」は「いいよ」の意味にはならないこと、**「いやだ」が示されたらそこで頼むのは終わりにする**（「だめ」と言われたらすんなり受け入れる）ことは、話しておきたい点です。からだとその働きについて学ぶことが、子どもにとってとても魅力的であることは確かです。子どもたちが自分のからだ、相手のからだに好奇心を持つのは一般的なことで、プライベートパーツを観察することや、さまざまな疑問を持つことも、発達上適切なことです。しかし、そうであっても他人の「からだを包むシャボン玉」は尊重しなければなりません。相手に「いやだ」と言われたときは、それを受け入れなければならないのです。

**幼いうちから「いやだ」と「いいよ」の表明と受けとめ――「同意」の実践――を意識させていくと、それはその子のアイデンティティの一部となります。**自分の思いをしっかりと伝えられる人間になるのを助けてくれるのです。

「同意」の実践が身についているかは、ほかの子と遊んでいる姿を見ればすぐにわかるものです。追いかけっこをしたり、ブランコを押したり、砂場で一緒に遊んだりする前に、きちんと相手の子に許可を求めているでしょうか？　「いやだ」と言われたときには、それをすんなりと受け入れていますか？　お子さんが「同意」を実践する姿を目にしたら、そのたびにしっかりと褒めてあげてください！

親指を下に向ける
何も答えない

## 「いやだ」のいろいろな伝え方

「いやだ！」

「絶対やだ！」

「だめ」

「そう思わない」

「したくない」

「いや」

「いまはいや」

「今日はいや」

「あんまり」

「わかんない」

「そうかな」

「気分じゃない」

「いやだって言ったでしょ！」

## 「いいよ」のいろいろな伝え方

「いいよ！」

「うん」

「いいとも」

「ぜひ」

「大丈夫」

「もちろん」

「いいよって言ったよ」

「します」

「したい」

「よろこんで」

「ぜひやりたい」

親指を立てる

## おうちで学べる「同意」

家庭生活の中でも、自然なかたちで「同意」について教えていくことができます。自分のからだを自分できれいにするトイレやお風呂の時間は、健康と衛生のために欠かせないことであることは言うまでもありませんが、その子の自立心と自尊心を育むと同時に、「同意」について実践的に学ぶための絶好の機会にもなります。プライベートパーツがあらわになる場面での声かけと介助が、子どもに「同意」を教えるための生きた教材になるのです。

こうした場面でおこなう会話は、簡潔でわかりやすいものにしましょう。冗談や悪ふざけは無用です。要所要所でお子さんに選択肢を提示し、その都度「同意」を得ながら介助を進めてください。

また、もっとも身近な他人であるきょうだいとのかかわりも、「同意」を学ぶチャンスとして役立てることができます。

### おむつ替えで

「さあ、ササっとおむつを替えますよ。きれいにしちゃおうね。プライベートパーツはきれいにしておくのがいいからね。はいじゃあ、おむつを取るよー」（おむつを取って）「いいかな？　拭き、拭き、拭き！」

きれいにしたら、すみやかに新しいおむつをはかせます。

「もうちょっと大きくなったら、自分できれいにできるようになるからね。だけど、いまはまだ小さいから、お手伝いをさせてね」

実のところ、こうした語りかけをしても「同意」をとっていることにはなりません。おむつを替えることに関して、子どもは同意も拒否もできないからです。

それでも、こうしたやり取りが大切なのは、その子が「同意」という概念を理解するための土台づくりに、大きな役割を果たすからです。語りかけながらおむつ替えをすることで、その子は安心感を得ることができ、次に起こることに対して心の準備もできます。

### トイレトレーニングで

トイレに入る前や、拭き残しに対処するときなどに、本人に選択肢を示し、「同意」の実践例を示します。

トイレに入る前

「トイレのお手伝いしてもらいたい？　それとも、全部自分でやってみたい？」

トイレを出る前

「おっと、ちょっと拭き残しちゃったみたいだね。もう1回自分でやってみる？　それとも、お手伝いが必要？」

お子さんが、手伝ってほしいと選択した場合は、「じゃあ、お手伝いさせてもらうね、いい？」と確認しましょう。お子さんが「いいよ」と返してくれたときに、「どうして『いいよ』って言ってくれたの？」と聞いてみることで、「同意」についての思考を促すこともできます。「いい？」って聞いてもらったから同意した、きれいでいるためのことだから同意した、と頭の整理につなげましょう。

## お風呂で

子どもも4歳にもなると、お風呂に入るときには多少のプライバシーを確保したいと考えるようになるかもしれません。一緒にお風呂場にいてほしいと思っているか、おしゃべりしながらお風呂に入りたいと思っているか、お子さん本人の意向を聞いてみましょう。質問に対しては、肯定か否定、いずれかの返事をもらうようにします。

「一緒にお風呂場にいると落ち着かないかな？　ドアの外で座って待ってたほうがゆっくりできそう？」こんなふうに聞いてみるのもいいかもしれません。

お子さんが一人でお風呂に入ることを選んだ場合は、もちろん安全上の注意は怠らないようにしてください。すっかりその場を離れることはせず、シャワーカーテンの裏や浴室のドア付近など、お子さんの目に入りづらい場所で待機し、浴室内の様子に注意を払ってください。

ちなみに、お風呂の時間は、その子のからだの各部位について正確な名称を教えるのに最適です。からだを洗いながら「ここはなんていう場所かな？」「○○はどこかな？」とからだの部位名クイズをするのも楽しいですよ。

## 子ども部屋で

ウェブサイト「同意を尊重した子育て（Consent Parenting）」の運営者で、児童性被害サバイバーでもあるロザリア・リベラさんは、「同意」を次のように定義しています。

同意とは、誰かがあなたにハグやキスをしたいとき、あなたのからだをくすぐりたいときなどに、前もって取らなければならない許可のことです。そうした行動に出る前には、それをしていいかどうかを相手に聞いてみなければなりません。聞かれた側には、その行動を許可するかしないかを選ぶ権利があります。

このことを実感するには、子ども部屋を例にするとわかりやすいです。

理想としては、それぞれの子どもに個室を用意したいところです。部屋という物理的な区切りがあれば、ほかの人の部屋に勝手に出入りするのはよくないことだということが感覚的にわかってきます。とはいえこの形式は、多くのご家庭にとって現実的なものではないと思います。わたし自身、子どものころは妹のキャシーと同室でした。そうした場合は、室内に境界線を設けます。

たとえば、お互いのベッドを境界の一部として見ます。わたしたち姉妹の例で言えば、右側のベッドはキャシーのもの。左側のベッドはわたしのものです。それぞれのベッドは、それぞれのプライベートスペース。妹が、わたしのベッドにちょっと腰掛けたいと思ったら、わたしの許可を取らなければなりません。わたしの側も、妹のプライベートスペースを尊重する必要があります。妹のベッドに座らせてもらいたいときは、妹に聞いてからにしなければなりません。

こうした会話を重ねることで、子どもたちはコミュニケーションスキルと自立心を育んでいきます。自分自身のプライバシーを守るために声を上げる方法を身につけ、「同意」の実践を学んでいくのです。

## 話し合いのきっかけになる本

ここで、からだを守ることに関連した内容の、親子で楽しめる本を紹介したいと思います。わたしからのおすすめと、研究者のエレノア・クレイグさんの選書を合わせてリストにしました。

わたしからのおすすめは、大人としても学ぶところがあり、構えすぎることなくこのテーマに向き合うことを後押ししてくれる5冊です。対象年齢と簡単な紹介も書きそえました。

クレイグさんの選書（★つきの作品）は、児童性被害防止のためにつくられた44冊の児童書を調査、分析、評価した中で、クレイグさんが設定した基準を満たした7冊です。評価の対象とした項目は、からだの境界線を守ることとパーソナルスペースの保持、からだの各部位の正しい用語、安全なスキンシップと安全でないスキンシップの見分け方、不快感を覚えたときに子どもが自分でできる対処方法などです（注：同研究は進行中のものであり、今後新しい書籍が出版されることで更新されていく可能性もあります。掲載した内容は、2022年までの研究結果をもとにしたものです）。また、クレイグさんは、子どものために本を選ぶときは、物語絵本と知識絵本の両方を取り入れることをすすめています。ですので、ブックリストもその二つに分けて紹介しています。

どんな本も、子どもに渡す前に、大人が目を通しておくようにしましょう。内容が子どもにとって適切なものであることを確認するとともに、あとで子どもから受けることになるかもしれない質問に備えておくためです。保護者自身も「本を読んで勉強している最中なんだ」と、一緒に学ぼうという姿勢でいいのです。読み聞かせはゆっくりと進め、お子さんの質問や会話を引き出してください。読み終わったら、いま読んだ本について、さらに話し合いましょう。どこが好きだった？　どこが嫌いだった？　何がわかったかな？

## 物語絵本

『Some Parts Are NOT for Sharing』（ときには正しい、ひとりじめ／未邦訳）
Julie K. Federico著　Tate Publishing
（対象年齢：６か月〜）仲のよい２匹の魚が主人公の、愛らしい物語です。子どもを怖がらせることなく、「からだの境界線」と「安全なスキンシップ」について伝えられます。

『My Voice Is My Superpower』（声はぼくらのスーパーパワー／未邦訳）
Shariea Shoatz 作　Kilson Spany 絵　Independently published
（対象年齢：３歳〜10歳）友達が虐待を受けていることに気づいた子どもたちが、そのことを信頼できる大人に知らせるために奮闘する物語です。

『Where Hands Go: An Introduction to Safe and Unsafe Touch』（手の行くところ：安全なスキンシップ、安全でないスキンシップ／未邦訳）

Krystaelynne Sanders Diggs 作　Ananta Mohanta 絵　Independently Published

（対象年齢：3歳〜8歳）美しいイラストとともに、「からだの境界線」の重要性を、子どもにもわかりやすいかたちで説明しています。

★『My Body Is Private』（わたしだけの、わたしのからだ／未邦訳）

Linda Walvoord Girard 作　Rodney Pate 絵　Albert Whitman and Co.

★『Please Tell! A Child's Story about Sexual Abuse』（絶対に言って、誰かに言って！：児童性的虐待を受けた女の子からのメッセージ／未邦訳）

Jessie著　Hazelden Publishing

★『Some Secrets Should Never Be Kept』（絶対に守っちゃいけないひみつ／未邦訳）

Jayneen Sanders 作　Craig Smith 絵　Lightning Source Inc

**知識絵本**

『C is for Consent』（「ど」は「同意」の「ど」／未邦訳）
Eleanor Morrison 作　Faye Orlove 絵　Phonics with Finn
（対象年齢：2歳～4歳）ハグやキスをしたくないときには「いや」と言っていいのだということを子どもたちに教えます。

『My Body Belongs to Me / Mi cuerpo me pertenece』（わたしのからだはわたしのもの／未邦訳）
Jill Starishevsky 作　Angela Padron 絵　Edgar Rojas 訳　Free Spirit Publishing
（対象年齢：3歳～8歳）誰かに触られたくないと感じたときに、そのことを相手に伝える方法。誰かに安全でないスキンシップをされたときに、そのことを信頼できる大人に伝える方法。この二つの方法を子どもたちに伝えます。

★『God Made All of Me: A Book to Help Children Protect Their Bodies』（神さまがつくったわたし：子どもたちが自分のからだを守れるようにするために／未邦訳）

Justin S Holcomb、Lindsey A Holcomb 作　Trish Mahoney 絵　New Growth Press

★『Know Tiny Secrets: How to Keep Your Body Private and Safe』（ちいさなひみつを知ろう：じぶんのからだの守りかた／未邦訳）

Latasha Fleming 作　Colleen Madden 絵　Create Space

★『I Said NO! A Kid-to-Kid Guide to Keeping Private Parts Private』（イヤだって言ったでしょ！　子どもから子どもに伝える、プライベートパーツの守り方／未邦訳）

Zach King、Kimberly King 作　Sue Rama 絵　Boulden Publishing

★『My Body! What I Say Goes!』（わたしのからだ！　決めるのはわたし！／未邦訳）

Jayneen Sanders 作　Anna Hancock 絵　Educate to Empower Publishing

## 同意の罠「～したら～してあげる」

子どもを狙う犯罪者が使うグルーミングの手段の一に、プレゼント（お金も含む）を渡すというものがあります（第2章グルーミングの手口5）。「～したら～してあげる」と、普段はしないことをさせる引き換え条件として、物やお金を提示してくるのです。ですから、こうした誘い文句で子どもを動かそうとする人には注意が必要です。

ここまで読んで、こんな感想をお持ちになった方もいらっしゃるかもしれません。「ちょっと待って！　うちじゃまさにその方法で、子どもにお手伝いをさせてるんですけど」。ええ、そうですよね。この問題については、ここではっきりさせておきましょう。

わたし自身も含めて、子どもを育てていれば誰でもたいてい、「～したら、～してあげる」を使っているものです。「野菜を食べたら、デザートを出してあげる」「朝のお勉強ができたら、シールをあげるね！」「おもちゃを自分で片づけたら、寝る時間を10分遅くしてあげる」。こうした**「～したら、～してあげる」というタイプの提案には、「ごほうび」（よいプレゼント）と「物やお金で釣る」（悪いプレゼント）がある**と考えています（ごほうびの教育的効果については、ここではふれません。本書での「よい／悪い」は、グルーミングに該当するか否かを判断基準にしています）。線引きのポイントとなるのは、「目的」です。その提案が、子どもの行動修正、あるいはより望ましい行動への動機づけを目的とするものであるかどうかに注目してください。具体例で考えてみましょう。まず、先ほど挙げた提案はいずれも、子どもたちによりよい選択（勉強する、片づける）をさせたり、健康的な習慣（野菜を食べる）を身につけさせたりすることを目的としたものだったので、「ごほうび」にあたります。一方で、大人が子どもに対して何かを渡し、引き換えとして「本人にとってよくないこと（親に報告することがためらわれるようなこと）」をするよう仕向けたり、無理にさせようとするなら、それは「物やお金で釣る」行為です。そしてもう一つ、忘れてはならないことがあります。プライベートパーツにかかわる提案は、すべて「レッドフラッグ」です。

子どもというものは、ちょっとした景品やお菓子、お金、自由時間、特別な遊びやお出かけの約束などに釣られて、相手の言いなりになってしまいがちです。だからこそ、「レッドフラッグ」な提案、「物やお金で釣る」行為にあたる提案をされたときには、断って逃げるよう、そしてすぐに信頼できる大人のところへ行くよう、しっかりと教えておきましょう。

子どもに対して「ごほうび」と「物やお金で釣る」の違いを説明することについて、まだ小さいのにそこまでしなくても、と感じた方もいらっしゃるかもしれません。しかし、こうした違いについて話しておくことは、その子の中に種を植えてあげることになります。その種が育っていくことで、何かするよう誰かに言われたとき、無条件に受け入れるのではなく、立ち止まって考えることができる子になっていくのです。

残念なことですが、性犯罪者というものは、人の心を操ることに長けています。相手をそそのかすのも、だますのもお手のものです。相手が子どもであればなおのこと、やすやすと自分の思いどおりにさせてしまいます。立ち向かう方法があるとすれば、それは、子どもたちに彼らの手口を教え、疑う力をつけさせることです。子どもが大人を疑うもんじゃない？　いいえ、そんなことはありません。子どもだって、大人の行動の是非を見きわめていいのです。

ここで少し時間をとって、ご自身がお子さんに対して、普段どのように「ごほうび」や「行動管理」を使っているかを振り返ってみてください。思い当たる場面をいくつか書き出して、そのとき別の形で動機づけをおこなうことはできなかったか、代替案を考えてみましょう。

# 第10章 からだの安全についての親子の会話 想定集

お子さんと初めて「からだの安全」について話し合おうとするとき、本書のここまでの解説だけだと、やりとりのイメージがつかみづらいと思います。

本章では、日常の中で起こりうるシーンを例に挙げ、お子さんとのやりとりを想定しました。どのやりとりにも、お子さんの問題解決能力を伸ばすポイントが含まれています。

・味方になる

報告してくれた勇気をたたえ、レッドフラッグな状況に出くわしたことを、あなたのせいじゃないと伝えることで、保護者へ問題をすみやかに報告できる関係づくりを促します。

・考えさせる

アイデアを自分のものだと感じられるようになります。この感覚は、解決策を覚えておくことにも、いざというときに自信を持って実行することにもつながります。

・褒める

お子さんが考えた対応が正しいと伝えることで、子どもが自分の行動に自信を持つことを促します。

各想定問答内の人物は、便宜的に限定しています。ご家庭の状況に応じて「お父さん」を「お母さん」に、「お母さん」を「お父さん」に、あるいはほかの信頼できる大人に変更してみてください。

1日の流れの中でお子さんがすること、いる場所をすべて書き出し、そのときご自身がお子さんのそばにいるかどうかも含めてリストにしてから読むと、より実践的に読めると思います。

## 想定1　お迎え時間になっても親が来ない

父　パパが幼稚園にお迎えに行くのが遅くなっちゃったら、アジェイはどうする？

子ども　わかんない。パパは遅れたりしないもん。

父　もしも遅れちゃったとしたら、どんなふうに思うかな？

子ども　「パパ、どうして遅いのかな？　ぼく、どうしたらいいのかな？」って思うかも。

父　そうだよね。それじゃあ、次の質問。パパを待っている間、アジェイは自分に何て言うだろう？　頭の中で、何て言うかな？

子ども　自分には「パパはたぶん遅れちゃってるんだな。ぼくはここで座ってじっとしてよう。あと5分待っても来なかったら、園の中に戻って、誰か信頼できる大人の人に助けてもらおう」って言うと思う。

父　すごくいいアイデアだね！　さて、じゃあ、5分待ってもパパが来なかったとしたら、どうしよう？

子ども　事務室に行って、パパに電話してくださいってお願いする。

父　すごいね、完璧な計画だね！

## 想定2　パンツを下ろした友達が追いかけてきた

母　自分のパンツを下ろして追いかけてきたり、アビーのパンツを見ようとしたり、そんな子が学校にいたら、アビーはどうする？

子ども　んー……。まずはその子に、やめて！って言う。それから先生に言いにいく。

母　うん、いい考えだね。ほかにいい考えはある？

子ども　止まれ！って言う。そしたらきっと、走るのをやめて止まるだろうから。

母　やめてほしいことを言葉でわかりやすくビシっと言うのはいいね。どんなふうに「止まれ」って言う？

子ども　（大声で叫んで）止まれ！

母　うん、すごくいいね。そのとき、ほかにもうちょっとできることがあるんだけど、なんだかわかる？

子ども　えっ、なんだろう？

母　止まれって言う前に、その子の名前を呼んだらどうかな？　その子の名前がケビンだったら、大声で「ケビン！　止まれ！」って言うの。大きい声で名前を呼べば、先生も気づきやすくなるからね。もしも、それでも止まってくれなかったら、どうしようか？

**子ども**　先生のところへ走っていって、助けを求めるかな。

**母**　そのとき、先生がずっと遠いところにしかいなくて、すごく不安な気持ちになっちゃったら、どうしようか？　ほかに何かできることはあるかな？

**子ども**　お友達を連れて、ジャングルジムのてっぺんまで登る。

**母**　いいアイデアだね！　だけど、どうしてジャングルジムに登るのかな？

**子ども**　だって、その子はパンツを下ろしてるんでしょ？　パンツを下ろしたままでジャングルジムに登るのは大変そうだから、てっぺんまでは来れないんじゃないかな。

**母**　なるほど、いいところに気づいたね。ちなみに、ジャングルジムのてっぺんまで、お友達も一緒に連れていこうと思ったのはどうして？

**子ども**　一人で叫ぶより二人で叫んだほうがよく聞こえるもん！

**母**　たしかに！　いい考えがいっぱい出たね。

## 想定3　新しいベビーシッターが来る前に

（ベビーシッターから「お風呂に入ってほしい」と言われたと仮定しての会話です）

父　こういうときのルールは、なんだったっけ？

子ども　ママやパパがいないときは、お風呂に入らない。

父　そうだよね。どうして入らないの？

子ども　だってなんかいやなんだもん。

父　いやなことを「いや」と言うのはいいね。それに、ベビーシッターさんはプライベートパーツを見せていい相手じゃないからね。それがうちのルール。

子ども　でも、汗かいたりして、お風呂入りたいときだったら？

父　「お父さんかお母さんに、電話して相談したい」って頼んでみよう。

子ども　電話じゃなくてテキストメッセージでもいい？

父　それもいいね。もしもベビーシッターさんがそんな提案をしてきたら、すぐ電話かテキストで教えてね。難しかったら、お父さんかお母さんが帰ってきてから話すのでもいいから、必ず報告してね。

## 想定4　お友達の家に遊びに行く前に

母　友達の家で遊んでいたら、お友達のお兄ちゃんが、お兄ちゃんの部屋で一緒に動画を見ようと誘ってきて、そこには裸の人たちが映っていました！　これはレッドフラッグ？

**子ども**　レッドフラッグだ！　裸の出てくる動画は子ども用じゃない。

**母**　そのとおり！　そういうときは、どうするんだっけ？

**子ども**　その動画から目をそらして、帰ったらお母さんかお父さんに話すんだよね。

**母**　すごい！　どうしたらいいか、ちゃんとわかってるね。レッドフラッグな動画が目に入っちゃったとしても、悪いのは見せた人で、あなたは何も悪くないんだよ。お母さんもお父さんも絶対怒らないから、大丈夫。安心して、必ず報告してね。

## 想定5　友達がプライベートパーツを見ようとしてきた

**母**　お友達とお医者さんごっこをしてて、その子があなたのプライベートパーツを見たいって言ってきたら、どうする？

**子ども**　レッドフラッグだ！って思う。プライベートパーツは、ほかの人に見せないものなんだから。

**母**　そうだよね。遊びにプライベートパーツは使わないよ！って言えたらいいね。

**子ども**　もうその子とは遊んじゃだめ？

母　そんなことないよ。その子がそれでやめてくれたら、そのまま一緒に遊んでいいんだよ。お医者さんごっこのつづきでも、別の遊びでも。でも、そのお友達が言うことを聞いてくれなかったら、信頼できる大人のところに報告しようね。「スーザンがわたしのプライベートパーツに触ろうとしたの！　もうお家に帰りたい！」みたいに、具体的に言うのが一番なんだけど、難しいときはどうするんだっけ？

子ども　コードワード!?

母　そう！　うちのコードワードは……。

子ども　スパゲッティ！

## 想定6　遊んでいる途中で、からだに触られるのがいやになった

父　くすぐりとかレスリングごっことかで、やられすぎて「もうやめて～」ってなったことってある？

子ども　あるよ。

父　そういうときは「もうやだ、やめて！」って言っていいって知ってる？

子ども　うん。

父　もし、最初は楽しくやっていたとしても、いやになったら言っていいんだからね。
子ども　やめてくれなかったら？
父　遊びつづけたい？
子ども　ううん、やだ。
父　そうだよね、つづけてくるときはどうしよう？
子ども　学校だったら、先生のところに行くかな。
父　いい考えだね。やめてくれないのは、レッドフラッグだから、その場を離れてお父さんかお母さんか、ほかの信頼できる大人のところに行って報告しよう。

## 想定7　学校でレッドフラッグなことがあったと話してくれた

子ども　ぼく今日ね、校庭でレッドフラッグが上がったよって先生に言ったの。
母　何があったのかな？　もっとくわしく教えてくれる？
子ども　トミーがズボンを下ろしてね、プライベートパーツをみんなに見せたの。だからぼくね、レッドフラッグだと思ったの。
母　すごい勇気だったね。どうして先生に言わなくちゃって思った？

子ども　だってね、トミーがしたことって、からだの安全を守るためのルールを守ってないよね？

母　わあ！　お母さんが前に話したことを、ちゃんと覚えていてくれたんだね。自分のことも、トミーのことも助けられたね。先生に言いにいくの、怖くなかった？　大丈夫だった？

子ども　大丈夫だったよ！

母　すごいなあ。お母さん、ほんとうに鼻が高いよ！　そのことについて、今日のうちにもうちょっと話しておきたいなって思うことはある？

子ども　ううん。もう話せたよ。

母　そっか。あのね、お母さん、トミーの今日の話が聞けて、ほんとうにうれしかったよ。これからも、今日はこんなことがあったんだよって、聞かせてね！　お話ししてくれてありがとう。

## 想定8　いま、遊んでいる最中にレッドフラッグなことがあったと話してくれた

子ども　ねぇ聞いて！　ミッシーがわたしのプライベートパーツに触ったの！

母　え！　それは大変！　とにかく、レッドフラッグが上がったこと、ちゃんと教えてくれてありがとうね。何が起きたのか、聞かせてくれる？

子ども　うん！　あのね、ミッシーたちと大なわとびしてたの。そしたらミッシーの手がね、わたしのプライベートパーツに当たったの。

母　うーん、なるほど。たまたま当たっちゃったのかな？　それとも、わざと触られたように感じた？

子ども　わかんない。もしかしたらたまたまだったのかも。

母　じゃあ、そのときの話、一緒にミッシーにも聞いてみようか。ミッシーに聞きにいくの、シャノンは嫌じゃない？

子ども　大丈夫。

母　ミッシー。シャノンがね、ミッシーがシャノンのプライベートパーツに触ったたって言ってるの。何が起きたのか、教えてくれるかな？

ミッシー　シャノンが飛べるように、大なわを回してたの。そしたらね、シャノンがすごく近くでピョンって飛んで、そのとき手が当たっちゃったの。だからわたし、ごめんねって言ったの。

母　そうだったんだね。シャノン、いまのミッシーのお話聞いて、どう思った？　大なわとびしてるときに、シャノンのからだと、ミッシーの手が、すごく近づいちゃったんだね。合ってる？

子ども　うん、合ってる。わざとじゃなかったし、ミッシーはすぐにごめんねって言ってくれてた。

母　よかった。心配に思ったこと、話してくれてありがとう。とっても正しい行動でした。それで、どうかな、いまはもう安心かな？　心配はなくなった？

子ども　うん、もう大丈夫。またみんなと遊んでくるね。これからは、真ん中で飛ぶようにして、ぶつからないようにするよ。

母　それはいい考えだね！

## 想定9　インターネットで、不適切な画像を見てしまった

子ども　間違って変なところを押したら、なんか怖い写真が出てきちゃった！

父　大丈夫だよ。教えてくれてありがとうね。レッドフラッグの写真が出たのを見て、ケビンはどうしたのかな？

子ども　すぐに目をそらして、すぐに画面を消したよ！　そうするようにって、前に教

わってたから。

父　びっくりしたね。ケビンのせいじゃないからね。さっきのは、ポップアップ広告だね。もしもまたポップアップ広告が出てきたら、こんどはクリックする前にお父さんかお母さんに声をかけてね。

子ども　でも、広告ってわからないかも！　だってさっきのはね、単語練習ゲームみたいだったんだよ。

父　それはひどいね！　レッドフラッグが出るようなことをする人たちって、とってもずるいんだよ。悪いのはその人たちで、ケビンは悪くないからね。そういうずるいボタンを間違ってクリックしちゃったこと、お父さんだって何回もあるんだよ。どんな怖い写真を見ちゃったか、教えてもらえるかな？

＊

こうした想定問答をお子さんと実際にやってみるときは、お子さんが自分事として感じられるような、身近な設定にどんどんアレンジしてください。人も場所も活動も、その子が知っているものばかりを登場させましょう。ちょっぴりおバカなせりふを加えるのもいいですね。楽しくやりとりしながら、子どもの批判的思考と問題解決能力を育んでいきましょう。

さまざまな状況を想定することで、性被害は自分にも起こり得るものだということ、起きたとしてもそれは決して自分たちのせいではないということ、この2点が繰り返し頭に入り、その子の中で確固としたものになっていきます。この考えがしっかりと定着している子は、いざというときにも、ためらわずに被害を報告できるはずです。

第11章

# 「もしも」のときの護身術

本書では「からだの安全を守る」ことについて、予防の観点からお伝えしてきましたが、この章では例外的に、「子どもを狙う犯罪者による連れ去り」にフォーカスします。

誘拐という重大事案だからこそ、我が家にはあり得ないと軽んじてしまうかもしれませんが、こうした、ありそうもない、しかし絶対にないとは言えない事態について話し合っておくことで、お子さん本人も、ご家族の皆さんも、「身を守るために逃げる」とはどういうことかを、多少なりともイメージできるようになるはずです。

本章でお伝えする内容は、空手の黒帯四段で『The Parents Guide to the Black Belt Way』（黒帯流子育て術／未邦訳）の著者でもあるジェフリー・コニッチさんへのインタビューで得たアドバイスをシェアする形をとっています。以下は、コニッチさんご本人からのメッセージです。

子を持つ親として一番怖いのは、自分の子どもに何らかの危害が及ぶことではないでしょうか。いつもぴったりとそばについて守ってやるというわけにはいきませんが、子どもの安全を確保するために、本人に教えておいてやれることはあります。ここでは、子どもたちが犯罪者に連れ去られるのを防ぐために教えておくべき事柄を、重要なポイントに絞って紹介したいと思います。

いずれも、特殊なテクニックというわけではありません。しかし、こうした簡単な対策法を教えておくことが、いざというときにその子を犯罪者から守ることになるかもしれないのです。

## 護身術1 座りこむ

誰かがつかんできたときには、とにかく身を低くします。つまり、おしりを床につけて座りこむのです。すると、相手はお子さんを動かすことが難しくなります。犯人の側からすると、お子さんが立っているときに比べ、連れ去ることがはるかに困難になるのだそうです。

効果のほどを確かめるため、わたしは息子のアレックスに協力を仰ぎました。結果は、バッチリでした！　床に座りこんだわたしを引っ張り回すのは、身長190cm、体重90kgのバスケットボール選手である息子にも一苦労だったのです。

## 護身術2 「この人、わたしのママじゃない！」

声を上げるときは、「助けて！　この人、わたしのママじゃない！」「この人、ぼくのパパじゃない！」などと、大声で叫びます。「ママじゃない」「パパじゃない」と叫べば、はぐれてしまった両親や家族に見つけてもらいやすくなるだけでなく、近くにいる人たちに異常事態が発生していると知らせることができます。

## 護身術3 蹴りをいれる

「引っ掻く」「噛みつく」「肘で突く」「叩く」「蹴りをいれる」。普段はしてはいけないと言われているこうした行為も、手を離してくれない犯人に対してはしてもよい。子どもたちには、そう教えておきましょう。コニッチさんの講座では、この中でも特に「蹴りをいれる」をすすめており、反撃も防御も脚を使ってするようにと子どもたちに教えています。護身術の1と3をつづけて使う方法もあります。座りこんだ姿勢のまま、脚を使って相手からの攻撃をブロックするという流れです。

## 護身術4　逆方向に逃げる

これは特に、つかんでこようとした相手が車に乗っていた場合に有効です。車を方向転換させるには、ある程度の時間がかかるからです。

## 護身術5　逃げこむ

商店、ガソリンスタンド、学校、ファーストフード店、警察署……近くにあって中に人がいるところなら、どこでも構いません。どこかに逃げこんだあとは、中の人に警察に電話してもらうよう教えておきましょう。

手近に逃げこめる場所がない場合には、木の上に登る、通行人の中で安全そうに見える人（子ども連れの母親など）の手を握る、といった選択肢もあります。

## 護身術6　盛大にこぼす、火災報知器を鳴らす

これは、車での連れ去りを想定しています。車での連れ去りにあった場合、その子が助

けを求めるチャンスがあるのは、トイレや食事など、一時的に車を降りたタイミングに限られます。このときに、飲み物や食べ物を盛大にこぼしたり、火災報知器を鳴らしたりすることで、人目を引いて時間を稼ぐのです。犯人の目が離れる瞬間があれば、その場にいるスタッフに知らせる、紙ナプキンにメモを残す、厨房に逃げこむといったこともできるかもしれません。子どもたちには、たとえ車に連れこまれてしまったとしても、逃げる方法を考えるのをやめてはいけないと伝えておいてください。

＊

また、子どもたちには、犯人がどう脅かしてこようと（誘拐犯は「逃げようとしたら◯◯するからな」という嘘の脅かしをよく用います）助けを求めることを最優先にしてよいということも伝えてください。人混みに出かけるとき、あるいは一瞬でも子どもとはぐれる可能性がある場所に行くときは、毎回同じ内容を復習させます。繰り返すことで、誰かにつかまれそうになったときにどう対処すればいいかが定着しやすくなるからです。

これに加え、子どもたちに携帯電話やタブレットで位置情報を共有する方法を教えておくことができれば、安全性はさらに高まります。お子さんの位置情報を常に把握しておくための手段として、子ども用スマートフォンやタブレットなどを持たせたり、ＧＰＳ機能のついたペンダントやブレスレットなどを常時身につけさせること、AirTagなどのスマートトラッカーをキーホルダーの形で子どものリュックにつけておくことなども検討してみてください。

# 第12章

# 子どもの話を聞く
## ——気づく、安心させる

### 気分や行動の変化を見逃さない

子どもの受ける性被害には、身体的な兆候が現れないものも少なくありません。対象とした事例の95パーセントで、子どものからだには何の兆候も見られなかったという研究結果もあります（Adams et al., 2016）。性器周辺の発赤、かゆみ、発疹、腫れ、あざ、裂傷、尿路感染症、腹痛、性器からの出血、カンジダ症、急なおねしょ、口周りや口の中の発疹やただれ、といった症状が、その子の被害に気づくきっかけになることもあります。

しかし最初にお伝えしたとおり、そうしたケースは決して多くはないのです。

ですから、保護者は、気分や行動の変化（ごくささいなこともあります）に気づいてあげる必要があります。気分と行動の変化には次のような例が挙げられます。注意すべき変化を知っておくことは、性被害の存在に気づき、その内容や程度を見きわめる上で非常に重要です。

**注意すべき変化**

- わけもなく不安がるようになった
- うつ状態が見られるようになった
- ひどく怒りっぽくなった（原因不明の怒り）
- 静かでおとなしかったのに、攻撃的になった（ほかの子を叩く、すぐけんかする）
- 年齢にそぐわない性的な言葉を使うようになった
- これまではしていなかった性的行動をするようになった
- 特定の家族のことを急に避けるようになった
- 特定の友達の家に遊びにいくのを嫌がるようになった
- それまで好きだったはずの活動を避けるようになった

・一人でいるのを好むようになった
・食行動が変わった（拒食、過食、むさぼるように食べるなど）
・つき合う友達が変わった
・それまでと違う系統の服を着るようになった
・人目を引くような行動をするようになった
・保健室やトイレに行く回数が増えた

何かがおかしいと感じたときには、本人の気持ちを慮りつつ優しく質問し、その子の身に起きていることを聞き出しましょう。次のような簡単な質問をしてみてください。

「最近、お腹の調子が悪そうに見えるけど、大丈夫？　ほかに痛いところはない？」

「トミーのお家に遊びに行きたいって言わなくなったけど、何かあった？　もしかして、一緒に遊んでいた子たちの中に、困ったことをしちゃった子とか、叱られるようなことをしちゃった子がいたのかな？」

「誰かに、からだの安全を守るためのルールを破るように言われたり、秘密を守るように言われたりした？」

からだの安全を守ることについて普段から話し合っている家庭の子なら、「パパ、コーチがわたしのプライベートパーツを触るの！」のように、被害についてはっきりと述べてくれることもあるかもしれません。ですが、たいていの被害は、「なんか気分が悪いの」「お腹がすごく痛いの」といった、直接的ではないかたちで伝えられます。そうした言葉すら口に出さず、すべてを自分の中に留めてしまう子もいるほどです。

子どもの性被害には、身体にも、行動にも、感情にも、何の兆候も現れないというケースも珍しくありません。だからこそ、常日頃から親子でコミュニケーションを図り、風通しのよい関係を築いておくことが重要なのです。からだの安全についても、積極的に話し合っていきましょう。

**お子さんには、大人との性的なかかわりにおいて子どもの側が責任を負うことは決してないということを、繰り返し教えてあげてください。**親子でこの前提を共有できていれば、何かがおかしいと感じたとき、確認したいことが出てきたときにも、ためらうことなく本人に尋ねることができますし、子ども本人も、聞かれることに身構えずにすみます。

からだの安全にまつわる本も、会話のよいきっかけになります。167～170頁で紹介したブックリストなども参考に、お子さんの好みに合いそうな本を探してみてください。

## 子どもが、自分の被害について話さないことがある理由

自分の性的被害について話すことは、子どもにとっても、大人にとっても、非常にハードルの高いことです。とてつもない勇気が必要です。しかし、こと子どもに関して言えば、わたしたち大人の側の工夫と配慮で、そのハードルを低くしてあげることができます。そうした配慮がない場合、被害児はしばしば、自分の被害について話すことを、あまりにも危険で恐ろしいこと、そもそも不可能なことだと考えてしまいます。そのまま子どもは大人になり、そして多くの被害の事実が、墓場まで持っていかれることになるのです。

このことは、数字からも読み取れます。第４章でもお伝えした通り、自分が受けた被害について誰かに相談できる子は被害児全体の38パーセントにすぎず（London et al., 2005; Ullman, 2007）、そのうち40パーセントの子は、親しい友人を相談相手に選ぶ（Broman-Fulks et al., 2007）といわれています。その後の研究では、大人に打ち明ける子は被害児全体の26パーセント、当局に通報するのはわずか12パーセントとも示されています（Lahtinen, Laitila, Korkman, and Ellonen, 2018）。

誰にも話せなかった被害はもちろん、友人にしか話せなかった被害の多くも、通報に至らないままです。こうした事態を避けるためにも、子どもたちには、何か問題があればいつでも身近な信頼できる大人に報告する、という習慣を身につけさせておくことが非常に大切です。ここで挙げた統計の数字は、報告された事例や研究に基づいたものではありますが、実際の数字ではありません。実際の数字を計算することは、誰にもできないのです。

ここで、子どもが自分の被害について話さないことがある理由を整理する前に、わたしの〝ママふたご〟とも言うべきシャリア・ショーツさんの事例を紹介したいと思います。母親で、教育者で、作家で、性暴力サバイバーで、児童性被害防止のための教育活動をおこなう米国の非営利団体「バディ・スピークス（BuddySpeaks.org）」の創設者でもあるシャリアさんとわたしには、年齢、自身の体験、子どもたちを性被害から守ることについての情熱など、ふたごのようにたくさんの共通点があります。

そんな彼女の事例は、我が子の世話のために雇っていたナニーからグルーミングを受けたという、つらい経験です。胸が苦しくなる話ですが、子ども本人だけでなく家族までもがグルーミングされていく過程が、ありありと伝わってきます。

性被害にあった子どもの多くが、被害について報告できないのはなぜなのか。シャリアさんの話は、その理由を理解するための助けになるはずです。

**トリガー警告**

ここからの体験談は、性被害の具体的な記述を含みます。読まないという判断をされた場合は、205頁まで進んでください。

わたしの息子は3～4歳のころ、わたしが雇って子どもたちの世話を任せていたナニーから、身体的、性的、精神的な加害行為を受けていました。息子はある時期、吃音《きつおん》がひどくなっていたのですが、振り返ってみれば、あれは加害行為へのトラウマ反応だったのです。わたしたち家族の引っ越しが決まり、ナニーと息子が離れると、彼の吃音《きつおん》はずっとよくなりました。しかし、息子に何が起きていたのかがわかったのは、それよりもずっとあとのことでした。息子がわたしに話してくれるまで、およそ6年もかかったのです。

いまになって思えば、吃音《きつおん》より目立たないかたちでも、さまざまな兆候が出ていました。何かと不安がり、お風呂のドアを閉めることや、シャワーカーテンを閉めることも嫌がりました。電気をつけたままで眠りたがり、自分の身を守るかのように、ぬいぐるみに囲まれて眠るようになりました。自分のプライベートパーツの写真を撮ることもありました。過食することもあれば、まったく食べないこともありました。

そのナニーと結んでいた契約は、子どもたちの世話だけでなく、家事や雑用もしてもらうというものでした。雇いはじめたその日から、彼女はわたしの思いを汲みとって、わたしがしてほしいと思ったことを次々とこなしてくれました。クレジットカードを預けて買い出しを頼むこともありましたが、悪用されたことは1度もありませんでした。息子のことも、過保護に思えるほど大事にしてくれているように見え、彼の好きな食べ物もよくつくってくれました。いまならわかります。このとき彼女は、雇用主であり息子の親でもあるわたしに対して、グルーミングを仕掛けていたのです。彼女は、わたしの友人知人にも親切でした。地域の一員としての立ち位置もスムーズに獲得しました。表面的には、とても感じのよい人だったのです。

当時、わたしはシングルマザーで、わたしたち家族は親が一人欠けている状態にありました。その欠けた部分を埋めてくれたのが、彼女でした。我が家の二人目の親のような存在として、わたしは彼女に深い信頼を寄せるようになりました。彼女はときどき、わたしのことを「ママ」と呼びました。そんな彼女のことを、まるで自分の娘のようにも感じていました。

彼女が来てしばらくして、息子が頻繁に自分のペニスを触っていることに気づきました。自分の部屋で悲しそうに泣きながら、息子はしきりにペニスをいじっていました。わたしは彼女に、息子に何かしたか聞きました。

「そんな、ママ！　わたしが息子さんを傷つけるはずありません！」。わたしは彼女の言葉を信じました。その後、息子のペニスをいじる様子は徐々に減っていきましたが、その裏で、彼女からの加害行為はつづいていました。

「（わたしがしたことは）誰にも言っちゃだめだよ。誰かに言おうと考えただけでも、この家のペットを殺すからね」。そんなふうに脅すことで、彼女は息子の口を封じつづけていたのです。そして実際、飼っていたウサギとネコは不審な死をとげました。証明はできませんが、彼女がやったとしか思えません。息子はいまでもオレンジジュースを飲まないのですが、それも彼女に「（加害のことを誰かに話したら）オレンジジュースに毒を入れて、家族全員皆殺しにしちゃうぞ」と脅されつづけていたせいだと聞いています。

息子が変わってしまったのは、あのナニーのせいなのでは？　彼女は嘘をついているのではないか？　最初にそう疑いはじめたのは、彼女とはほとんど接点のなかったわたしの元夫、息子の父親でした。しかし、すでに彼女にグルーミングされてしまっていたわたしは、元夫からその話を聞いたあとも、彼女を疑うことができなかったのです。加害の事実は、本人たち以外、誰も知らないままでした。

引っ越しのあと、息子は新しい学校に通いはじめました。ある日、授業を終えた息子を車で迎えに行くと、こんなことを言われました。「ママ、急いであのピザ屋さんに連れてってくれない？　トイレに行きたいんだ」。胸が詰まりました。当時、息子は9歳。きっと学校のトイレで何か嫌な思いをするようなことがあったのだろうと思いました。

トイレを済ませて戻ってきた息子に尋ねました。「（学校の）トイレで何かあった？　そのせいで、学校のトイレに行くのが怖くなっちゃったのかな？」「人のいないところで話してもいい？」息子から返ってきたのは、そんな答えでした。

息子と二人きりになれる車に戻り、そのまま家へ向かうことにしました。そこからの30分は、わたしの人生の中でもっとも長く感じられた30分でした。

息子が口を開きました。「ママ、いまから話すね」。わたしの顔を見ずに、ぽつりとそう言いました。わたしはこう返しました。

「いまから話してくれることがどんなことでも、ママはあなたのこと叱ったりしないからね。ママはいつだってあなたのことを信じているし、いつだってあなたのそばにいる。だからあなたは安心していいいんだよ」

するとと、息子が言いました。「ママ、ぼく、誰かが触ってきたらどうしようって考えたら、（学校のトイレを使うのが）怖くなっちゃったんだ。小さいとき、ナニーがいつも触ってきたから」

わたしは息子に、話してくれたことを誇りに思う、と伝えました。話してくれたことに感謝しました。すると息子は、さらにくわしい話を聞かせてくれました。息子はナニーに、「あなたが悪い子だから」と言われていたのだと言いました。こんなに悪い子のことは、お母さんも許さないし、神様だって決して許してくださらないだろう。そんな言葉で心を操られていたのです。ナニーと過ごしていた間、息子の頭は機能停止状態にありました。自分ではどうすることもできない状況の中、考えることを止めて、自分を守っていたのです。

学校のトイレで大人がすぐ横に立ったことがトリガーとなって過去の記憶が蘇り、息子は（学校のトイレを使うことに）恐怖を感じるようになっていたのでした。

ナニーと離れても、息子はその恐怖に支配されつづけ、結局6年もの間、自分の被害について誰にも話すことができませんでした。あのとき、あの車内で、わたしができる限りの落ち着きと共感を持って息子に直接質問することができていなかったら、息子はいまも、自分の被害について誰にも話せないままだったかもしれません。

では、子どもが自分の被害について話せない・話さないことがある理由を、わたしがこれまでに積み重ねてきた調査をもとに整理します。

### 理由1　性加害を「ふつう」のこととして受け入れてしまっている

本人が幼すぎて、ほかの状態を知らない、または、自分の被害について話せるだけの言語能力をまだ獲得できていないことも考えられます。

### 理由2　自分が話したことで、家族関係がさらに悪化してしまうことを恐れている

家庭環境の不安定さを感じとっていて、自分が話せば家族が崩壊してしまうかもしれない、両親が離婚することになってしまうかもしれない、と考える子もいます。自分の被害のことが周囲に知られることで、家族の評判に傷がつくのを恐れ、自ら口をつぐんでしまうこともあります。

**理由3　話せば事態が悪化すると恐れている**

自分への加害が悪化することを恐れているケースだけでなく、きょうだいへ加害が及ぶことを恐れているケースもあります。自分が被害を引き受けることで、きょうだいを守ろうと考える子もいるのです。

**理由4　フリーズ状態に入っている**

加害がつづいている最中は、恐怖のあまりフリーズ状態に陥ってしまう子もいます。加害がなくなっても、心の傷となった記憶すべてに蓋をして、それらを思い出すことができないこともあります。いったん閉じこめられた記憶は、何年も、あるいは何十年もそのままになることがあります。

**理由5　話したところでもう遅いと考えている**

理由４でも記したとおり、被害の記憶というのは、何十年も閉じこめられたままになってしまうこともあります。被害について言い出せないまま時間が経ってしまうと、いまさら取り合ってもらえないだろうと話すのをためらってしまうことがあります。

## 理由6　加害者から脅迫や心理操作を受けている

加害者によって、恥の感情や罪悪感を植えつけられてしまったことで、いわれのない自責の念に苛まれ、被害を打ち明けられなくなっている子もいます。性暴力サバイバーで、トラウマケアの専門家でもあるアンジー・ベレットさんは、加害者が宗教団体の関係者であるケースに関して、次のように指摘しています。「自分が受けた被害について口外するのは教えに反することであり、言えば自分が地獄に落ちる、と信じてしまっている子もいます。加害者から、こうしたことが起きたのは神様がそう望まれたからだと言い含められていることすらあるのです。信仰を持つ家族のもとに生まれ、幼少期から教えを受ける中、その宗教の内部の人物から性加害を受けるという状況に置かれた子は、自分の身に起きたことへの理解や対処に非常な困難を抱えることになります。そしてこの構造が、宗教団体内部での組織的なグルーミングを招いてしまうこともあるのです」

## 理由7　話しても信じてもらえないと、あきらめている

その子は、一度は話そうとしてみたのかもしれません。しかし、保護者や信頼できる大人が耳を傾けてくれなかったせいで、話すのをやめてしまったのかもしれません。

## 理由8 自分のことなんて誰も気にしていないと思いこんでいる

家族以外に知り合いがいない、家族の中の誰も信頼できない、信頼できる大人が周りにいない。そんな環境に置かれているせいで、「誰かに助けを求めよう」と考えることすら、できなくなっている子もいます。

性暴力サバイバーで、性被害防止を訴える活動家として、幼少期のトラウマを抱える若者たちに馬とのふれ合いを通じた回復と成長の機会を提供しているイリーナ・ミハエラさんは、2023年3月23日のインタビューで、性暴力サバイバーとしての自身の体験と、被害について声を上げられなかった理由を語ってくれました。

祖父からのグルーミングは、わたしが4歳のときに始まりました。わたしにとって初めてのイヤリングを買ってくれたのが祖父でした。その後も、さまざまなプレゼントを買い与えてくれました。その祖父が、わたしもそろそろ性交を学ぶ年頃だろうと考えたのは、わたしがたしか14歳のときのことです。勉強のためにと、解剖学の本まで買ってくれました。「男の子にだまされて妊娠したりしないように、用心しておかないとな」。そんなふうに言われました。

それから6年経っても、祖父はまだわたしに「教え」つづけていました。そして、それが性加害だったとわたしが気づいたのは、ずっと後のことでした。当時のわたしにとって、祖父は唯一ともいうべき「信頼できる」人だったのです。両親はいつもけんかをしていました。父は大酒飲みで、家族全員に暴力を振るいました。母はうつ気味で、口を開けば恨み言ばかりでした。

あの状況で、わたしにどんな選択肢があったというのでしょうか？　誰に相談すればよかったのでしょうか？　わたしのからだは、わたしのものだったのでしょうか？いいえ。身体的な暴力と性的な虐待に日常的にさらされていたあのころ、わたしのからだは明らかに、わたしのものではありませんでした。

## 理由9　親しい人物が加害者

親、きょうだい、友人など、本人が近しく感じ愛着を持っている人物が加害者であるために、自分の被害について話すことに複雑な思いを抱えてしまうこともあります。

きょうだいから加害された経験を持つ性暴力サバイバー向けのウェブサイト「複雑な勇気（Complicated Courage）」の運営者であり、彼らの支援をおこなう非営利団体「5 Waves（https://www.5waves.org）」の共同設立者でもあるジェーン・エプスタインさんは、次のように語っています。

「きょうだい間の性被害サバイバーたちの口が重いのは、自分が受けた行為に対して困惑すると同時に、そうした行為を受けてしまった自分自身を恥じるからです。混乱して話せないケースもあれば、加害者である年上のきょうだいや家族を尊敬する気持ちが呪縛となって話せないケースもあります」

*

この9つの話せない理由を裏返してみると、話せる子であるために必要なことが浮かび上がってきます。まずは、からだの安全を守るためのルールを学び、何か起きてもそれは決して自分のせいではないと知っていること。そして、保護者との間に信頼関係が築けていること。つらい記憶について話すためには、自分は支えられているという実感、安心感が必要なのです。

シャリアさんの息子さんが、長い年月のあとでようやく自分の被害について報告できたのも、母親の言葉を聞いて、自分はもう安全だし支えられているのだということに気づいたからでした。

## 子どもから性被害を打ち明けられたら

性被害に関する報告を子どもから受けたときは、できるだけ冷静さを保つよう心がけてください。と、口で言うのは簡単ですが、現実にその状況に置かれたら、とても冷静ではいられないと思います。とりわけ、不適切な身体的接触をされたという内容であれば、なおさら冷静ではいられないでしょう。これからお話しするわたしの苦い経験が、すこしでも参考になれば幸いです。

「はじめに」でもふれた、友人宅に預けた息子に「レッドフラッグ」の事態が起きた日のことです。「レッドフラッグが出たんだよ」。息子の口からその言葉を聞いたとたん、わたしの中に、友人家族への激しい怒りと、友人宅に我が子を預ける選択をした自分自身に対する非難の気持ちが湧き上がりました。制御できないほどの感情でした。わたしは、子グマを守ろうとする母グマのように、友人家族の前に立ちふさがり、彼らを激しく問いただしたのでした。友人には、悪いことをしてしまったと思っています。あの日に戻ってやり直すことはできませんが、もしも似たようなことが皆さんに起きたとき、皆さんがあの日のわたしよりも冷静でいられることを願って、この経験を共有しておきたいと思います。

**子どもが被害について打ち明けてくるとき、その子は、心を決めて、勇気を振り絞って話しています。**保護者は、深呼吸して、注意深く耳を傾けてあげてください。落ち着いた態度で接することができれば、お子さんとしても話がしやすくなりますし、被害を受けたことでお子さんの心に生じた恐怖や恥といった負の感情が悪化する可能性を下げることもできます。

保護者が取り乱して感情的になった姿を見せてしまうと、子どもはそれを自分のせいだと思い、言ったことを取り消したり、それ以上何も話さなくなったりしてしまうことがあります。我が子が被害にあったと聞けば、激しい怒りと混乱におそわれるのも当然です。でもどうか、「加害者を殺してやる」「いますぐ警察に通報する」といった報復や制裁を口にしたり、大声で怒鳴ったりするのはこらえてください。なぜなら、加害者は子ども自身が愛着を持っていた相手であることも多いため、自分が話したせいでその相手が傷つけられるかもしれないと気づいたとたん、加害者を守りたい気持ちが先に立って、被害についての報告を止めてしまう子もいるからです。

**この場面で目指すべきことは、その子を少しでも安心させてあげることです。話の内容が何であれ、ただ耳を傾け、話してくれたことに感謝し、その子には何の責任もないということをあらためて伝えて、安心させてあげてください。**

「話してくれてありがとうね。あなたのこと、信じてるからね。必ず助けるからね。あなたは悪くないんだからね」

本人がまだ話せそうな様子であれば、「そのあと、どうなったのかな？」「もう少しくわしく話してくれる？」といった質問を、いくつか加えてみてください。その際も、子どもが話しおえたら、まずは感謝を表し、勇気をたたえましょう。話を聞きおわったら、その子の安全確保のために責任を持って動いてください。

責任ある大人が子どもの性被害に気づいたなら、それを当局に通報しなければなりません。米国で教員としてお勤めの皆さんであれば、法的にも通報義務があります（編注：日本でも同様に、児童福祉法第25条の規定に基づき、すべての国民は児童虐待を受けたと思われる児童を発見した場合、通告する義務が定められています）。

話を聞いて、安心させて、再発防止の対策を取ったら、次にすべきはその子を支え、傷ついた心身の回復を促すことです。そのために保護者にできることについて、最後にまとめておきたいと思います。

## 保護者にできること

・耳を傾ける

その子の話を、親身になって聞いてあげてください。話すことは、混乱や恐怖を解消する助けになります。

・そばにいる

心理的にも、物理的にも、できるだけその子に寄りそってください。

・優しく励ます

打ち明けてくれたことを誇りに思っていると、何度でも伝えてあげてください。

・信じる

その子を信じているということ、その子には何の非もないということを、本人が納得できるまで伝えつづけてください。

### ・日記帳を渡す

絵を描いたり、文を書いたりするための日記帳を渡すのも助けになります。子どもにも、おしゃべりが得意な子と、そうでない子がいます。おしゃべりが苦手な子は、話すよりも書いたり描いたりしたほうが、自分の感情を表現できるかもしれません。

### ・散歩しながら会話する

外に出て、からだを動かしてみましょう。歩きながら、子どもと話をします。くだらない雑談でもいいですし、深い話が聞ければそれもいいことです。大切なのは、そばにいてあげることです。

### ・セラピーを受けさせる

お子さんのために、トラウマケアを専門とする信頼できるセラピストを見つけてあげてください。子ども向けのセラピーとしては、芸術療法、音楽療法、遊戯療法が特に有効です。

・時間を割く

その子のために、いつもより多くの時間を割いてあげてください。いつも以上に愛を注ぎ、いつも以上に手厚くサポートしてあげてください。

・周囲と連携を取る

お子さんの身に起きた出来事、その結果いまのお子さんに起きている症状について、お子さんの担任の先生にも伝えることを検討してみてください。お子さんへのサポートを厚くし、見守りの目を増やすためです。

・動物とふれ合う時間を持たせる

動物と仲よくふれ合う時間を持たせてあげることこそ、保護者が傷ついた子どもにしてあげられる最高のことなのでは、と感じることもあります。ご自宅にペットがいれば簡単なことですが、もしいなくても、ふれ合いが可能な場所・サービスを探してみてください。うちの息子の回復には、トラウマを抱える人の心を支えるための訓練を受けたセラピードッグの存在が、ほんとうに大きな助けになりました。

＊

ここまで、子どもの性被害という問題に目を向けてくださった皆さんは、すでに、その防止の実現に力を貸してくださっている一員です。

子どもたちに「からだの安全」について伝え、力を与え、支えとなる皆さんの存在は、子どもたちが若者へ、そして大人へと成長していく過程において、決定的に重要なものです。

この大きな役目を果たすことこそ、子どもたちを愛し、子どもたちを守る大人として、世界で一番大切な仕事だと思っています。

# 日本における小学生以下の性被害の実態

「若年層の性暴力被害の実態に関するオンラインアンケート及びヒアリング結果」（令和4年3月内閣府男女共同参画局）より、被害を受けた年齢が0～6歳（未就学児）、7～12歳（小学生）に該当する調査結果を紹介します。

この調査は、全国の16歳～24歳の8491人（スクリーニング調査の有効回答数）のうち、性被害経験者2040人を対象とし、これまでに遭遇した性被害のうち最も深刻な被害に絞って回答を求めています（「最も深刻」の基準は、回答者の主観によっています）。

・https://www.gender.go.jp/policy/no_violence/e-vaw/chousa/r04_houkoku.html

## ◆被害にあったときの年齢

・出典／図表53：性暴力被害にあったときの年齢層別、性自認×年齢層

結果
（n＝2003）

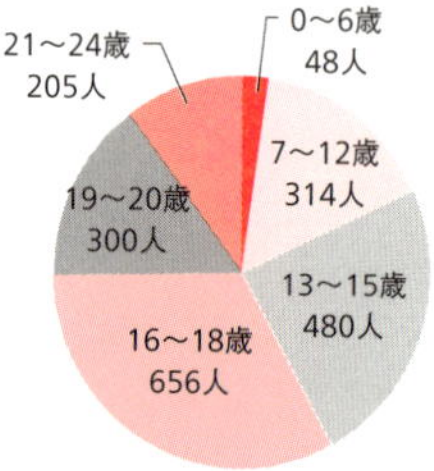


▼回答者の性自認の内訳

| | 女性 | 男性 | Xジェンダー・ノンバイナリー |
|---|---|---|---|
| 0～6歳 | 38人 | 6人 | 4人 |
| 7～12歳 | 250人 | 60人 | 4人 |
| 13～15歳 | 393人 | 67人 | 20人 |
| 16～18歳 | 566人 | 70人 | 20人 |
| 19～20歳 | 262人 | 31人 | 7人 |
| 21～24歳 | 177人 | 20人 | 8人 |

調査対象者（回答者全体）の約24%が、何らかの性被害を経験している。調査対象者（回答者全体）の約4%が、小学校までに性被害にあっている。その数は、性被害経験者の約18%に当たる。

## ◆被害にあった場所

・出典／図表58：性暴力被害にあったときの年齢層別、被害にあった場所

0～6歳（n=52）

| | |
|---|---|
| ・自宅 | 13人 |
| ・学校 | 12人 |
| ・保育園・幼稚園 | 6人 |
| ・公園 | 6人 |
| ・加害者の家 | 4人 |

7～12歳（n=321）

| | |
|---|---|
| ・学校 | 137人 |
| ・自宅 | 43人 |
| ・公共交通機関 | 40人 |
| ・インターネット上・SNS上 | 21人 |
| ・施設 | 14人 |

※上位5回答

未就学児、小学生、どちらも自宅が上位に上がっている。

## ◆加害者との関係

・出典／図表54：性暴力被害にあったときの年齢層別、加害者との関係

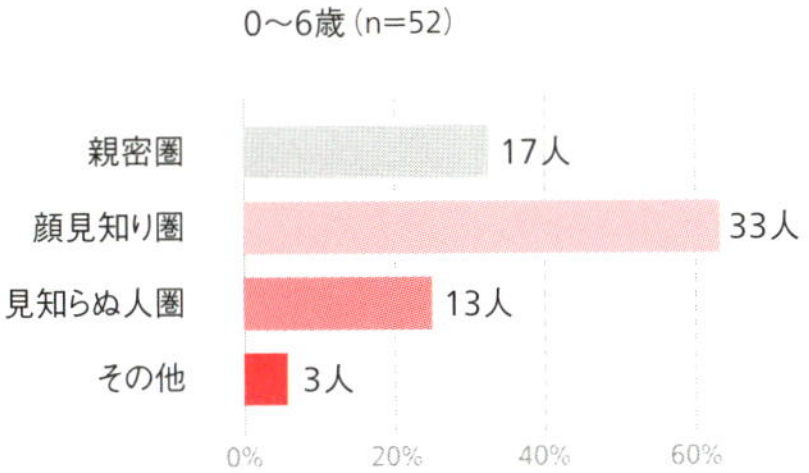


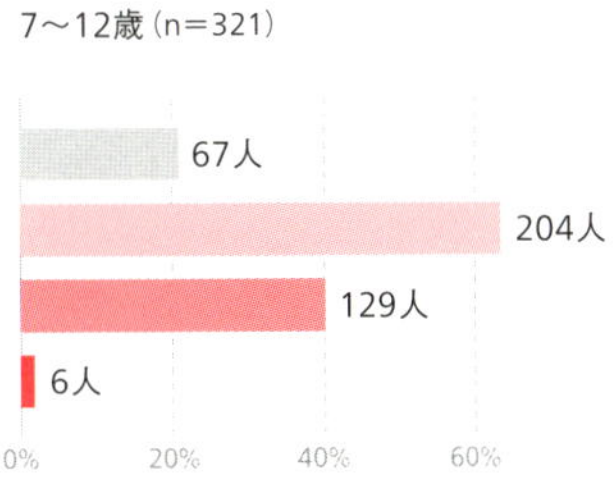


加害者は、見知らぬ人物より知っている人物（親密圏＋顔見知り圏）からのほうが多い。
未就学児は3倍強、小学生は2倍強の差がある。

※・親密圏＝親（血縁上の親、育ての親）、親の交際相手、兄弟姉妹、親族など
・顔見知り圏＝学校、習い事、生活している施設の関係者（同級生、仲間、先輩、先生、職員ほか）、家業に出入りする人（客、取引先ほか）など
・見知らぬ人圏＝インターネット上で知り合った人、芸能プロダクションへのスカウトを名乗る人、まったく知らない人など
※回答の合計が母数を超えているのは、複数回答を含むため

## ◆加害者の立場

・出典／図表56：性暴力被害にあったときの年齢層別、加害者の社会的・職務上の地位等

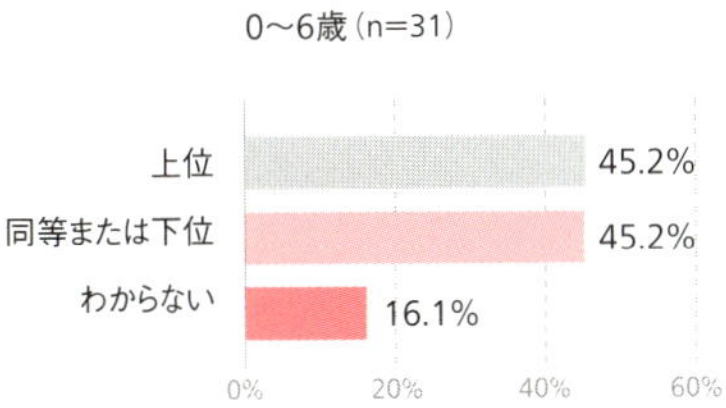


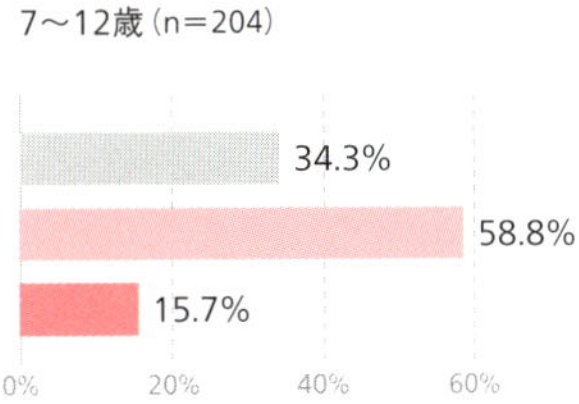


大人からの加害より、むしろ同年代からの加害のほうが多い。

※回答の合計が100%を超えているのは、複数回答を含むため

## ◆最初に相談した人

・出典／図表61：性暴力被害にあったときの年齢層別、最初に相談した人・機関

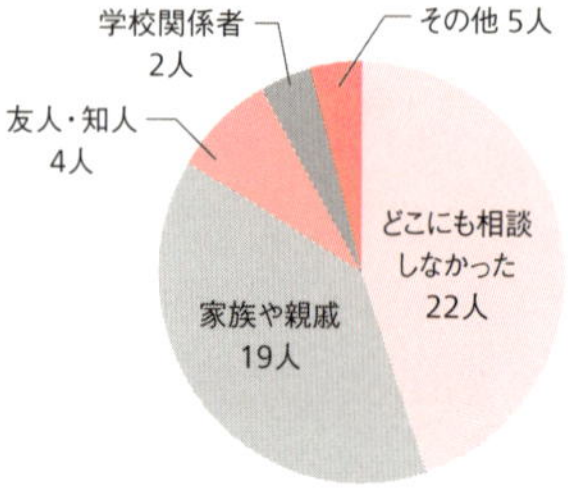


0〜6歳（n=52）

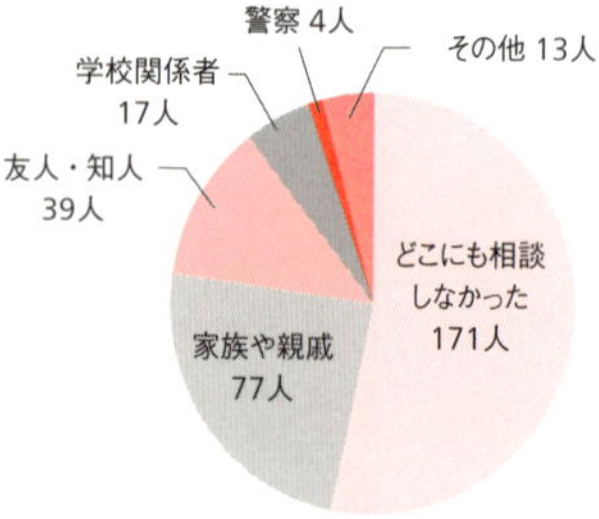


7〜12歳（n=321）

0〜12歳時の性被害経験者の半分以上が、
誰にも報告できないままでいる。

※その他には、民間の専門機関、医療関係者、役所、被害者支援センターなどが含まれます。

## ◆相談までにかかった時間

・出典／図表62：性暴力被害にあったときの年齢層別、相談までに要した期間

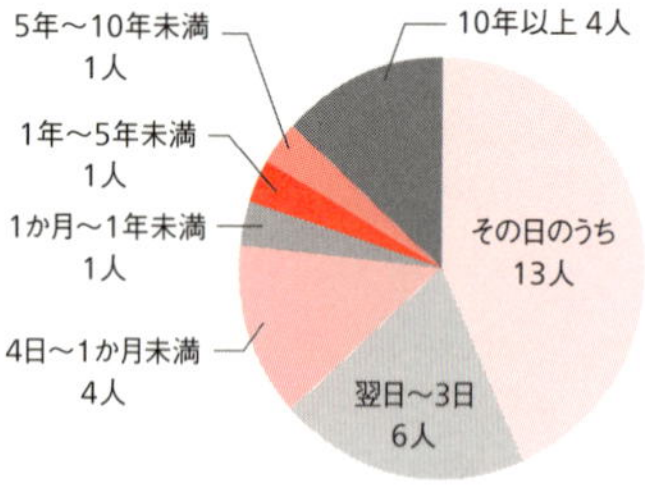


0〜6歳（n=30）

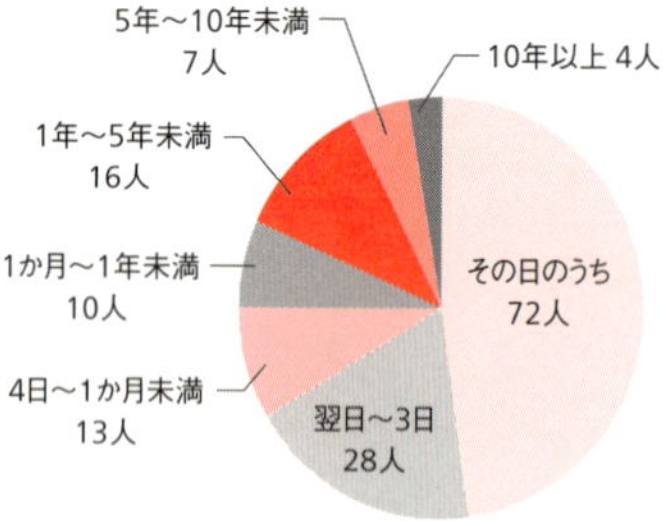


7〜12歳（n=150）

報告できたとしても、年単位の経過後のことが珍しくない。

# 相 談 窓 口

どの窓口も相談は無料です。お子さんには、
もし親に言えなくても、専門の窓口があることを伝えておきましょう。

### 性犯罪被害相談電話

・#8103

各都道府県警察の性犯罪被害相談電話につながる全国共通番号。／24時間年中無休。

### 性犯罪・性暴力被害者のためのワンストップ支援センター

・#8891

必要に応じて、医療機関や法律相談など専門機関にも連携してくれる最寄りのワンストップセンターにつながる全国共通番号。

### 児童相談所虐待対応ダイヤル

・189

近くの児童相談所に自動的につながる全国共通電話番号。／24時間年中無休。

### Cure Time（キュアタイム）

・https://curetime.jp/

内閣府が開設した相談窓口。SNSやメールで性被害の相談ができる。／年中無休17時～21時。

### 子どもの人権110番

・0120-007-110

・https://www.moj.go.jp/JINKEN/jinken112.html

性被害に限らず、学校でのいじめ、家庭での暴力などまで含めて相談（電話、メール、LINE）できる。法務局職員または人権擁護委員が対応。／平日8時30分～17時15分。

### チャイルドライン

・0120-99-7777

・https://childline.or.jp/

【相談者は子ども限定】18歳までの子どものための相談窓口。
電話は年末年始を除く16時～21時。チャット相談は日時限定（HP参照）。

### 一般社団法人 セーファーインターネット協会

・https://www.saferinternet.or.jp/

HP内の「誹謗中傷ホットライン」から、性的な画像や動画の削除要請などを相談できる。

### 違法・有害情報相談センター

・https://ihaho.jp/

誹謗中傷の書き込みなど、インターネット上の違法・有害情報への対応が相談できる。HPから利用登録の上、相談フォームから連絡。総務省委託事業。

**お子さんがSNSやLINEのアカウントを持つようになったら**

SNSやLINEで相談できる場所があることを伝えましょう。厚生労働省HPのトップ画面もしくはメニューバーからSNS相談で検索してください。　・https://www.mhlw.go.jp/

[監修者プロフィール]（五十音順）

## 小宮信夫《こみや のぶお》

**第1章、第2章、日本における小学生以下の性被害の実態 監修**

立正大学文学部社会学科教授。ケンブリッジ大学大学院犯罪学研究科修了。日本における犯罪学の第一人者として、「地域安全マップ」の考案、警察庁「持続可能な安全・安心まちづくりの推進方策に係る調査研究会」座長、全国の自治体での子どもの防犯アドバイザー、各種メディア出演など、防犯教育の普及に努めている。著書や監修書に『子どもは「この場所」で襲われる』（小学館）、『あぶないばしょはどっち？ 遊んで学べる防犯絵本』（池田書店）ほか。

http://www.nobuokomiya.com/

---

## 高橋暁子《たかはし あきこ》

**第6章 監修**

ITジャーナリスト。成蹊大学客員教授。SNSや情報リテラシー教育が専門。小学校 道徳科教科書（光村図書）の情報モラル校閲監修も手掛ける。著書に『ソーシャルメディア中毒』（幻冬舎）、『できるゼロからはじめるLINE超入門』（インプレス）ほか。各種メディア出演多数。学校、自治体、団体、企業などを対象とした講演・セミナーは年間50回に及ぶ。

https://www.akiakatsuki.com/

---

## 高橋幸子《たかはし さちこ》

**第5章、第7章 監修**

産婦人科医。埼玉医科大学 医療人育成支援センター・地域医学推進センター助教。年間180回以上の性教育の講演会を、全国の小学校・中学校・高等学校にておこなっている。各種メディア出演、性教育にまつわる書籍やサイト、YouTubeチャンネルの監修多数。自身のXアカウント（@sakko_t0607）でも情報発信に努める。

HP サッコ先生の性教育研究所 https://sakko0607.wixsite.com/sakko/about

---

## 普光院亜紀《ふこういん あき》

**第3章 監修**

保育園に子どもを預けて働く親のネットワーク「保育園を考える親の会」顧問・アドバイザー。保育ジャーナリスト。大学講師。著書に『後悔しない保育園・こども園の選び方』（ひとなる書房）、『不適切保育はなぜ起こるのか』（岩波書店）ほか多数。

https://hoikuoyanokai.com/

［著者プロフィール］

## キンバリー・キング

Kimberly King

ウィーロック大学（現ボストン大学ウィーロックカレッジ）
大学院教育学修士（M.S.Ed.）。
自身が性被害にあったことをきっかけに、
メイン大学在学中から、サンドラ・キャロン博士の
アシスタントとして性被害防止活動にかかわる。
幼稚園教諭として働きつつ、
非営利組織「ダークネス・トゥ・ライト（Darkness to Light）」の
認定ファシリテーターを務め、
児童性被害予防教育の専門家として活動している。
2016年に刊行した絵本
『I Said NO! A Kid-to-Kid Guide to Keeping Private Parts Private』
（イヤだって言ったでしょ！ 子どもから子どもに伝える、
プライベートパーツの守り方／未邦訳）は、
マムズ・チョイス・アワーズ（The Mom's Choice Awards：MCA）の
金賞を受賞している。

［訳者プロフィール］

## 栗田《くりた》佳代《かよ》

翻訳者。慶應義塾大学総合政策学部卒業。
訳書に、『まっすぐだけが生き方じゃない 木に学ぶ60の知恵』
『リチャード・ブランソンの生声』（ともに文響社）。

# 子どもを守る新常識
# 性被害 セーフティガイド

2025（令和7）年1月23日　初版第1刷発行

著者
キンバリー・キング

訳者
栗田佳代

発行者
錦織圭之介

発行所
株式会社東洋館出版社
〒101-0054 東京都千代田区神田錦町2丁目9番1号
コンフォール安田ビル2階
（代表）電話 03-6778-4343　FAX 03-5281-8091
（営業部）電話 03-6778-7278　FAX 03-5281-8092
振替 00180-7-96823
URL https://www.toyokanbooks.com/

装丁・本文フォーマット
nimayuma Inc.

装画
楢崎萌々恵

印刷・製本
藤原印刷株式会社

ISBN 978-4-491-05669-2
Printed in Japan